# Submundo

## das

# Ideias

## perdidas

Crônicas, poemas e Contos

LEONARDO S. C. CAMPOS

Mesmo escritor de *Sinapse Social*

Instagram: @textoporcontexto



ISBN: 979-84-155-4541-4

Design da capa por: Leonardo S. C. Campos.

# AGRADECIMENTOS

Um é pouco, dois é bom — três seria demais? Afinal, quem é que sabe onde essa brincadeira de criança vai dar?! O sonho impossível de escrever e publicar um livro está ganhando asas. Partindo do primeiro, que realmente me parecia tão impossível, apresento-lhes o meu segundo livro de crônicas, poemas e contos: *Submundo das Ideias Perdidas*.

Agradeço primeiramente a ***Deus***, não poderia ser diferente. É sempre graças a Ele que posso alcançar objetivos, atingir novos patamares e realizar meus sonhos mirabolantes. É Ele quem me concede saúde e sabedoria para escrever e compor, foi Ele quem botou em mim essa fagulha de criatividade juntamente com a inquietude interna, essa constante vontade de transformar meus devaneios em palavras para que vocês possam *me ler*, para que eu possa ajudá-los também de alguma forma, pois sei muito bem que, quando nos identificamos, quando nos vemos em uma descrição ou numa linha de raciocínio, nossa alma descansa, se acalma. É aquele velho e clássico pensamento: — então eu não estou sozinho no mundo?! — Paz, aceitação.

Não obstante a tudo isso, Ele sempre coloca as pessoas certas no meu caminho, pessoas dispostas a ajudar e colaborar, pessoas de bom coração e boa vontade, como as pessoas que participaram do financiamento coletivo para a publicação do meu primeiro livro, ***Sinapse Social***.

Enfim: Sim, É Ele quem abre portas na minha vida. Então, em resumo, é tudo por Ele, graças a Ele. É exatamente como diz uma música da banda Central 3 que gosto muito e com a qual me identifico: *Tem Tudo a Ver Com Ele!!!*

Agradeço também à minha família: meus pais, meus irmãos e minha querida Nathália, minha fiel escudeira, companheira de vida, revisão, s*treaming*, torta e sorvete. Muito obrigado, vocês são meus amores maiores e sempre farão parte de cada pedacinho dessas páginas que rabisco com meus pensamentos. Seu apoio, incentivo e compreensão de fato são essenciais para o bom desenvolvimento dessa minha missão de vida: escrever de vez em sempre, ao infinito e além.

Por fim, mas nunca menos importante, assim como fiz no primeiro livro, quero iniciar este aqui com um texto de autoria de ***Firmo Campos***, também conhecido como meu pai — de quem herdei a veia poética.

Ah! Se você ainda não leu ***Sinapse Social***, não deixe de ler. A ordem de leitura não importa, não se preocupe, mas tem muito conteúdo lá também, tem muito da minha essência, afinal, o primeiro livro é sempre muito especial e marcante.

Então, sem mais delongas, com vocês, mais uma das reflexões de meu querido poeta ancestral:

## DIA DAS CRIANÇAS

Revendo algumas fotos nesse dia das crianças, cheguei à conclusão de que os anos passam rápido demais. O que fica é aquilo que de bom aprendemos com eles.

Dentre tantas coisas, aprendi que servir é muito mais gratificante do que ser servido, que doar tem muito mais valor do que receber, que amar ao próximo é uma forma de amar a si mesmo, pois traz paz e descanso para a alma.

Aprendi que nem sempre acertaremos, por melhor que sejam nossas intenções e que, por mais que nos esforcemos, sempre desapontaremos alguém.

Aprendi que o muito falar não é sinônimo de convencer e que a falta de mensagens também é uma forma de mensagem. Por vezes, o silêncio diz tudo que palavras jamais poderiam ressignificar, de maneira muito eficaz.

Fecharei os meus olhos para dormir hoje, me perguntando: — "O que a criança que ainda existe dentro de mim acha do adulto que me tornei?"

Firmo Campos

12/10/2020

Meu pai, meu poeta!

"Minha maior tristeza seria
Se a tristeza me abandonasse um dia
E me deixasse órfão da poesia.
E se Deus me fez assim
Não me resta outra escolha
Cabe a mim botar na folha
O que Deus botou em mim."

***Fabio Brazza***

# SUMÁRIO


ENGRENAGENS DO DESTINO ........ 15

EXPERIÊNCIAS SENSORIAIS ........ 23

PRIMAVERAS OUTONAIS ........ 23

ORTOCLASITAS ........ 24

CHEGA A SER ENGRAÇADO ........ 26

SUBMUNDO DAS IDEIAS PERDIDAS ........ 28

AURA ........ 41

TE PINTEI EM LETRAS ........ 41

RUMO A PLUTÃO ........ 42

PRESSÃO BAIXA ........ 44

MEMÓRIAS PÓSTUMAS DE UM ESCRITOR DESCONHECIDO ........ 45

A MAIS BELA ENCARNAÇÃO ........ 48

PRAGMÁTICO ........ 49

O VELHO DOS GNÓIDES ........ 50

MINHA SINA ........ 65

CALMA, MOÇA! ........ 66

*AUTOESCRAVIZAR* ........ 67

ÁRVORE E TINTEIRO ........ 69

DESCANSA EM PAZ, RHAÍ ........ 70

O SENTIDO DA VIDA ........ 74

ETERNAMENTE ETERNO ........ 75

ANARQUIA EXTERIORIZADA ........ 77

GARI ANDARILHO ........ 78

NÁUFRAGOS ........ 80

ALÉM DO HORIZONTE ........ 80

QUESTÃO DE TEMPO ....................................................................................81
BRINCANDO COM AS PALAVRAS.....................................................................83
PENSE!.......................................................................................................84
HOBBIE, JOB, LOVE......................................................................................88
MOONLIGHT ...............................................................................................89
SHERLOCK HOLMES.....................................................................................89
AI SE SESSE ...............................................................................................90
DISPLICENTE...............................................................................................91
AUTOBIOGRAFIA .........................................................................................93
FOTO GRAFIA ..............................................................................................96
HIPOCRISIA.................................................................................................97
SOL ............................................................................................................98
QUE SARRO ................................................................................................98
O PREÇO ...................................................................................................100
RENATO RUSSO .........................................................................................102
IDEIAS.......................................................................................................103
OBRA-PRIMA .............................................................................................106
ESCREVESSÊNCIA.......................................................................................108
MINHA ESCADARIA ....................................................................................110
VI...VER.....................................................................................................112
SORVETE....................................................................................................114
INSPIRAÇÃO ..............................................................................................116
CAPISCE? PERFEITO....................................................................................117
A ESSÊNCIA DA COLETIVIDADE ...................................................................118
DILEMAS DE UM PONTO .............................................................................119
AÇÃO E REAÇÃO.........................................................................................121
MAR DO ESQUECIMENTO ...........................................................................122
BASTA........................................................................................................129

PRIOR IDADE ..... 130

SILÊNCIO ..... 133

SAVE ME FROM MYSELF ..... 134

QUE MELDA ..... 135

COLHEITA ..... 136

RACIONALMENTE SENTIMENTAL ..... 137

O PRÓXIMO ATO ..... 138

RAPENSE ..... 140

TEM HORAS QUE ..... 141

AMÉM ..... 143

QUER BALA? ..... 145

LIVRAI-NOS DE SER GADO ..... 147

ÁRVORE DA VIDA ..... 148

MEU EGITO ..... 150

MINHA... LATA DE CERVEJA ..... 151

CENTRAL DE ATENDIMENTO E SOLUÇÕES PARA O AMOR EM CRISE . 153

MARQUEI TOCA ..... 154

EU NÃO ..... 155

ESCREVER ..... 158

LAMENTOS DA MADRUGADA ..... 160

LUGAR PARADISÍACO ..... 167

ABRAÇO DE NINGUÉM ..... 168

COMO VER ..... 169

O SEGREDO DO SUCESSO ..... 169

HOMÔNIMOS ..... 170

PESCADORES DE ILUSÕES ..... 172

MAR DO AMOR ..... 174

ENTRE FAKE E NEWS ..... 175

FORMIGUEIRO ........ 179
O PODER DA MENTE ........ 179
MONTANHA-RUSSA ........ 180
APARADOR DE PORTA ........ 182
PORTA RETRATO ........ 182
MÃE ........ 183
BEM RESOLVIDO, OBRIGADO ........ 184
APRENDI COM O TEMPO ........ 185
VARIANTES DO TEMPO ........ 185
ELA: MENINA MULHER ........ 186
PSEUDO ACASO ........ 187
SALVADOR DALÍ ........ 187
PRAZER GENUÍNO ........ 188
10 AUSÊNCIAS PERIGOSAS ........ 189
*ESCREVESSÊNCIAS* ........ 191
DONZELA DO MAR ........ 192
ESTRELA D'ALVA ........ 195
TEMPOS MODERNOS ........ 196
A CIDADE VISTA DO 10º ANDAR ÀS 4H30 DA MANHÃ ........ 197
PAI DA MENTIRA ........ 198
*ACONTESSÊNCIAS* DO DESTINO ........ 199
DESABAFO DESESPERO ........ 201
QUASE TUDO ........ 203
PRECISAMOS DAR UM TEMPO ........ 204
EM PAZ DE VERDADE ........ 206
SOBRE O AUTOR ........ 209
OUTRO LIVRO DO AUTOR ........ 211

# ENGRENAGENS DO DESTINO

Ponta Grossa, Paraná. 7 horas e 40 minutos da manhã de uma segunda-feira qualquer. Um homem foi violentamente atropelado ao tentar cruzar a Avenida Vicente Machado, rumo ao trabalho, com o sinaleiro aberto para os veículos. Infelizmente, não resistiu aos ferimentos e veio a óbito no local, antes mesmo de o socorro chegar.

...

Ponta Grossa, Paraná. 7 horas da manhã de uma segunda-feira qualquer. O despertador toca e Marcelo resolve desligá-lo, contrariando seu próprio hábito de pular imediatamente da cama.

— Hoje, não. Só mais *cinco minutinhos*. — disse ele para si mesmo. Estava extremamente cansado depois da noitada de domingo, algo que também fugia aos padrões, visto que raramente saia para baladas e *muito menos* no domingo.

Na verdade, analisando friamente, Marcelo percebeu que foi a primeira vez que saiu numa madrugada de domingo, e só por insistência dos amigos. Já estava mais do que arrependido, pois precisava trabalhar e não tinha forças para se levantar.

Pois bem. Os *cinco minutinhos* viraram vinte. Marcelo acordou assustado, olhou no relógio e pulou da cama! Já eram 7h20 e deveria estar no trabalho às 7h30. Ele era gerente em uma conceituada Concessionária de veículos da cidade e não admitia falhas de seus subordinados. Então, precisava ser exemplo.

— Droga! O que foi que eu fiz? Por que fui naquela *porcaria* de festa? — Marcelo indignou-se consigo mesmo. Levava sua vida profissional muito a sério. Não era um sujeito bem-sucedido à toa.

Marcelo vestiu-se e engoliu um café gelado do dia anterior. Pegou sua maleta e saiu de seu apartamento com pressa, algo que nunca acontecia. Sempre saia com bastante antecedência e chegava até antes do horário, o suficiente para estacionar e sentar-se no banco da praça logo na frente da empresa, onde lia seu jornal matinal. Um hábito *sagrado* de muitos anos.

Quando entrou na garagem, porém, um *estalo* lhe disse que tinha deixado a porta do apartamento aberta. Voltou correndo lá para cima e de fato estava escancarada, então a trancou maldizendo horrores àquele dia tão estranho que tinha começado do avesso, e desceu correndo.

Entrou no carro, mas o carro não quis funcionar. Ele não se conformava, não podia acreditar na sua falta de sorte. Parecia que o universo inteiro estava conspirando contra ele. Sem muito tempo para solucionar a questão, pegou a maleta e tratou de ir a pé mesmo. Por sorte, morava há apenas algumas quadras da empresa. Nem dava a mínima para o que as pessoas pensariam de um sujeito *engravatado* correndo desvairadamente pelas ruas, com uma maleta na mão. Naquele momento se importava apenas com o que o chefe pensava a seu respeito. Tantos anos de carreira sem nenhuma falha, sem nenhum atraso! E agora tinha estragado tudo, manchando seu currículo impecável por besteira. Como olharia para todos na empresa hoje? Que dia terrível! Seria melhor nem estar vivo!

Marcelo finalmente chegou na Avenida Vicente Machado. A empresa ficava do outro lado. Olhou para o relógio, eram 7h40. Já estava atrasado, dez minutos! Inacreditável! Não. Ele não se permitiria atrasar mais um minuto sequer. Levantou a cabeça e entrou correndo na Avenida. Por causa de toda a preocupação e agitação, não se deu conta de que o sinaleiro ainda estava aberto para os veículos. No meio do caminho, sua visão periférica lhe antecipou a colisão.

— Droga! Não! Aaaah! — Tarde demais. Marcelo foi arremessado por cima do carro e bateu com a cabeça no asfalto. Não sobrou muito para contar a história. Morte instantânea.

Se Marcelo não tivesse saído na noite de domingo, se Marcelo tivesse levantado na hora que o despertador tocou, se Marcelo não tivesse se atrasado, se Marcelo não tivesse voltado para trancar a porta, se o carro de Marcelo tivesse funcionado normalmente ou se ele tivesse tentado dar a partida apenas mais duas ou três vezes, se não tivesse parado no cruzamento para olhar o relógio, ou se tivesse parado por mais tempo para cruzar com segurança, talvez se Marcelo não fosse tão dedicado e metódico com o trabalho, ou se tivesse ligado na empresa e avisado ao patrão dos imprevistos que teve, para poder chegar com mais calma, se...

Se não fosse o "*se*", não teríamos um velório. Seria só mais uma segunda-feira comum, sem maiores infortúnios. Na verdade, para a maioria das pessoas ainda deve ser, assim espero. Mas não para Marcelo. Sim. Milésimos de segundos são cruciais — eles podem te salvar ou te matar.

Foi a primeira e última noitada de domingo. Ele não precisou olhar para ninguém da empresa. Não precisava mais se importar se sua casa seria assaltada, não tinha mais manutenção do veículo para esquentar a cabeça. Não ouviria mais o som incômodo do despertador e muito menos se levantaria imediatamente quando ele tocasse. Aliás, jamais se levantaria. Talvez, a quebra da rotina já o estivesse avisando do iminente desastre, talvez fosse tudo um presságio, ou quem sabe tenha sido o contrário: eventos minuciosamente calculados para levar ao mal necessário.

As engrenagens do destino não param. Trabalham noite e dia, minutos e segundos, criando atos que desembocarão em fatos. Por vezes irreversíveis. Mas e se... Não. Não existe esse "e *se*", só há o que já foi e, portanto, tinha que ser assim. Mas chega de questionar e crucificar as *acontecencias* do desconhecido.

A manchete do jornal que Marcelo estava lendo, no banco da praça que ficava bem em frente ao local do trágico acidente, dizia: Ponta Grossa, Paraná. 7 horas e 40 minutos da manhã de uma segunda-feira qualquer. Um homem foi violentamente atropelado ao tentar cruzar a Avenida Vicente Machado rumo ao trabalho, com o sinaleiro aberto para os veículos. Infelizmente, não resistiu aos ferimentos e veio a óbito no local, antes mesmo do socorro chegar.

Marcelo presenciou tudo naquele milésimo de segundo. Ouviu o pneu cantando e abaixou o jornal para testemunhar o que estava acontecendo. Foi quando percebeu que, na verdade, estava se vendo.

— Mas... Espere aí... Esse sou eu e... Como assim? ... Mas então eu morri? Será que não passa de um Déjà Vu? Estou ali no chão ou aqui? E que dia é hoje, afinal, se a notícia já está no jornal? ... Mas... E se... ???

## EXPERIÊNCIAS SENSORIAIS

Solene e individuais são
Nossas experiências sensoriais
Onde cada ponto de vista
É apenas a NOSSA vista de um ponto
Interpretações pessoais
Nada mais.

## PRIMAVERAS OUTONAIS

Nem tudo são flores
Então se fores
Não floreie demais
Apenas deixe para trás
As dores informes
No jardim das nossas
Primaveras outonais.

# ORTOCLASITAS

Em um Universo tão, tão distante, havia seres exuberantes, mas estranhamente complexos à nossa limitada racionalidade, tidos como parasitas disléxicos, ou melhor: "as parasitas".

Eram seres essencialmente femininos, dotadas de inigualáveis dotes e decotes. Desfilavam e salientavam sua feminilidade, uma vez que julgavam-na essencial para o desenvolvimento do Universo e para a perpetuação da espécie.

Acontece que, a grande maioria dessa "minoria" tão ocupada e preocupada com os seus, não fazia ideia do poder de persuasão e disseminação de ideias que possuía, enterrando gradativamente suas incalculáveis destrezas e riquezas, feito José de Arimateia, posto que repletas de imensurável profundeza.

O Universo inteiro era delas, sempre foi, sempre girou ao entorno delas, e elas não eram parasitas, mas sim ortoclasitas: raras e poderosas, mas sem a real noção do poder que tinham. Elas não eram parasitas, não, jamais. Mas, infelizmente, muitas realmente eram disléxicas e, por não lerem, submetiam-se aos mandos e desmandos daquele Universo machista, acreditando serem meros equipamentos ou elementos de reprodução quando, na verdade, não. Eram muito mais, seres brilhantemente racionais, dotadas de controle, relevância e elegância. Sem elas, nada mais teria razão de ser. Mas, por não ler, sujeitou-se cada uma delas aos mandos e desmandos de cada opressor com os quais se podia conviver.

Lindas e doces aquarelas adormecidas, convencidas de que já tinham mais do que mereciam ter neste milênio. Ortoclasitas com síndrome de oxigênio.

# CHEGA A SER ENGRAÇADO

Chega a ser engraçado
Acordo e sinto você ao meu lado
Mesmo sem estar
Fico emocionado.

Me pego extasiado
Por ter você do meu lado
Sem saber se estou dormindo ou acordado
Chega a ser engraçado.

Chega a ser engraçado
Não sei se devo acordar ou se preciso dormir
Nessa ânsia de ter você aqui
E sentir na pele, na alma, o nosso sentir.

Chego a sorrir entre devaneios

No ápice da notória nostalgia

Vontades e memórias na mesma sintonia

E tudo que eu queria era apenas te desejar um...

Bom dia.

Que ironia.

Chega a ser engraçado.

# SUBMUNDO DAS IDEIAS PERDIDAS

De vez em quando visto minha jaqueta de couro e saio rumo ao desconhecido da noite, sem eira nem beira, só para ver se ela me trará algo útil para que, talvez, eu escreva.

Após caminhar por alguns instantes, deparo-me com um bar de quinta categoria, praticamente um boteco. Um lugar completamente escuro e largado, uma espelunca de pedra com janelas de madeira caindo aos pedaços em uma esquecida avenida, iluminada apenas por dois pontos de luzes verdes no beiral da entrada, onde a fachada extremamente deteriorada pelo tempo, tristemente anuncia: "Bem-vindo ao submundo das ideias perdidas". É claro que enxergo ali uma bela sinfonia, ouvindo em minha mente a melodia derivada da união e consubstanciação das palavras em um significado de pura magia e, mais do que depressa, aceito o lúgubre convite. Entro.

Lá dentro, é muito pior do que já parecia ser. Uma pocilga. Tudo sujo, fétido, porcamente organizado, precariamente estruturado, cheio de ratos correndo e se escondendo por todos os lados, passando por baixo dos pés de caras mal encarados, muito provavelmente esquecidos pela família, pela sociedade, jogados às traças, abandonados ao próprio acaso no único lugar que lhes abriu as portas, vizinhos da morte. Um verdadeiro porão de lixo e podridão, onde a sobrevivência é uma questão de relutância, onde olhos vermelhos e atentos passeiam à espreita de qualquer possível suspeita, vingança ou discrepância, na maioria das vezes tendo que contar com a sorte. Talvez tenha sido por isso que escreveram com pregos do lado de dentro da porta: "seja forte".

São homens que não podem se dar ao luxo de errar, falhar ou titubear. Diariamente precisam escolher entre morrer ou matar, e os anos de sangria vão levando para longe a alegria de quem sequer ouviu falar no tão distante verbo "amar". Sonhos e projetos são coisas que não passam do teto daquele horrendo lugar fadado ao colapso iminente. Pobre gente sem perspectiva, com a visão altiva de quem precisa constantemente se impor para, precariamente, continuar a respirar. É realmente de matar.

Sento-me no bar. O *barman* olha-me com os mesmos olhos fundos e sem alma dos clientes, cansado demais para sequer perguntar o que eu quero. Após um pequeno momento de constrangedor silêncio, peço-lhe, por favor, que me sirva um Gin com cascas de laranja. Ele ri da minha cara, debochado, e diz que ali não servem esse tipo de destilado cheio de frescura:

— Você quer rum, cachaça ou pinga pura? — questiona-me com profunda amargura. Sem saber o que dizer e com certo receio por estar muito longe de casa, opto pelo rum, a bebida dos piratas. Penso que não deve ser tão ruim assim, no mínimo tragável, mas eu estava terrivelmente enganado. Um pequeno gole é o suficiente para revirar meu estômago e me fazer cuspir feito um porco o precioso rum que aqueles homens tanto amavam. Todos me olhavam com um ódio mortal, e o *barman* me fez beber a dose até o final, caso contrário seria espancado:

— Ninguém é obrigado a entrar, mas após pedir e se sentar, a regra é secar o copo. Você não é daqui e parece-me intelectualmente elevado, logo noto. Não sei o que faz nesse maldito buraco, mas já que está querendo conhecer um pouco mais desse nosso lado, convido-lhe para descer até o porão e sentir como até mesmo a escuridão aqui é palpável. — Senti-me tremendamente assustado com aquela narrativa e jamais poderia imaginar que ainda houvesse um porão dentro daquele pedaço de desilusão, mas a simples possibilidade de aprofundar-me um pouco mais no universo das ideias perdidas atraía-me o suficiente para aceitar o convite e acompanhá-lo naquela tenebrosa descida rumo a coisas esquecidas.

Lá embaixo, a visão era ainda mais precária, restringindo-se a meros vultos e silhuetas de corpos ou coisas pretas indistinguíveis e inidentificáveis. Podia sentir o cheiro da morte alocada na falta de suporte a estes seres que, um dia, já foram humanos, mas que agora se encontravam em situações inimagináveis, deploráveis.

Aos poucos, minha visão foi se ajustando e comecei a, literalmente, ver os corpos no chão, onde alguns rosnavam e respiravam com dificuldade, enquanto outros olhavam-me fixamente como se dissessem: "corre! Saia daqui enquanto ainda tem a oportunidade!". Tristes realidades de sonhos perdidos abertamente escancaradas em minha frente, enquanto a escuridão realmente dançava e circundava a gente, sendo possível tocar a espessa nuvem negra.

Meu guia e companheiro de viagem acendeu um cigarro, e a bruxuleante luz possibilitou-me ver alguma outra coisa logo ao lado, no chão. Agachei-me de supetão, agarrei um daqueles estranhos artigos com ambas as mãos e aproximei do rosto para facilitar a visão. Eram meras garrafas, porém seu conteúdo não era bebida, mas cenas repetitivas e até um pouco iluminadas de pessoas felizes, em momentos felizes. Que coisa bizarra! Questionei o *barman* a respeito e, como se fosse tão óbvio a ponto de me fazer parecer desatento, explicou-me em tom de lamento:

— São ideias perdidas, ora. O que mais você esperava encontrar no submundo desse lugar?

Arregalei os olhos e o coração pulou uma batida ao compreender o que aquele homem tão friamente me dizia. Percebi que ao lado de cada corpo havia um exemplar dessas pequenas garrafas. Algumas brilhavam mais, outras menos, enquanto outras restavam completamente apagadas. Encontrei-me num misto de choque e curiosidade, compreendendo em partes, a profunda realidade daquilo que me apresentava:

— São os sonhos e planos dessas pobres e perdidas almas? — indaguei, sem poder acreditar no som das minhas próprias palavras.

— São, sim. Uma mistura de sonhos, planos, recordações, momentos de felicidade e idealizações. É por isso que esses pobres-diabos mantém a garrafa sempre ao lado, para poderem olhar mais de perto àquilo que já foram um dia ou o que pretendem viver quando saírem desse estado de torpor e tormento, SE saírem.

— Isso não me parece certo! Por que é que algumas garrafas estão apagadas? E quem é que aprisionou aqui estas pobres almas cansadas? — questionei perplexo, ao que ele me respondeu:

— O certo é relativo. O certo é uma questão de perspectiva e interesse, seja esperto. Garrafas apagadas significam que o indivíduo se entregou completamente ao submundo, não acredita e nem mesmo anseia mais por sua vida, pela liberdade, por seus sonhos. Garrafas apagadas são ideias mortas, sonhos abandonados. Como dizia meu pai: um sonho só morre quando quem sonha deixa de sonhar. E você já está fazendo perguntas demais, não seja inconveniente. Você já não é nada prudente.

— Prudente? O que quer dizer? Por que eu deveria ser? Você não me respondeu o porquê de estarem aqui! Eles precisam de um médico urgente! Anda, me ajuda a...

Sinto um baque seco na nuca, uma dor alucinante que desce da cabeça até a coluna. O mundo começa a girar, denoto meu corpo tombar e percebo que vou desfalecer. Será que é assim que vou morrer? Eu só queria algo novo, uma história para escrever.

Enquanto meus olhos começam a nublar, ouço a voz dele já um pouco distante a me censurar, e explicar:

— Você não foi um garoto esperto. Esse é o nosso negócio, é o que mantém o bar aberto. Ninguém é obrigado a entrar, mas após pedir e se sentar, a regra é secar o copo. Todos são assim, ninguém se torna um zumbi da noite para o dia, leva tempo, é uma questão de beber pequenos tragos em diversos momentos.

E então, com um sorriso maldoso e zombeteiro, prosseguiu:

— Agradecemos a curiosidade e a preferência. Gostamos de sonhadores como você, e é por isso que te trouxe aqui. Cada um desses miseráveis é um gênio em potencial que acabou se dando mal pelas péssimas escolhas que fez na vida. Afinal, para que se aventurar na sarjeta? Por que é que vocês não ficam em casa, com suas famílias? Santa paciência!

— Eu... Eu só queria...

— Eu sei, você só queria uma aventura, algo para escrever. — ele interrompe meu sôfrego pronunciamento antevendo meu posicionamento, e continua — Ter uma boa história para contar, não é?! Acredito que tenha conseguido, dependendo do ponto de vista. Todo mundo aqui também queria algo grande e interessante, mas é claro que tudo tem um preço. Aliás, tá vendo aquela garrafa apagada ali? Foi você quem terminou de destruir aquele sonho ao ingerir tão penosamente sua dose de rum. É por isso que a bebida aqui é bem mais forte, ela leva um ingrediente especial: os sonhos de quem não teve tanta sorte. Agora, meu amigo, seja forte. Você vai precisar. Ninguém vai te matar, mas a única coisa que te manterá vivo e que poderá te fazer regressar é nunca deixar de sonhar. Seus sonhos são grandes e fortes o suficiente? Veremos. São eles que nos mantém vivos, a todos nós.

Ao terminar de falar, ele aproxima uma pequena garrafa vazia das minhas narinas e sinto algo sendo extraído de meu âmago aos poucos. Vejo a luz brilhando com força total. Consigo ver-me viajando e escrevendo dentro daquela pequena garrafa.

— Por favor, eu não...

— Não há mais tempo para lamentar ou implorar, garoto. Preciso servir o próximo cliente com uma dose dos seus sonhos. Tenho certeza de que ele vai adorar; afinal, não há nada como um pouco de ideias roubadas para alimentar o ego de quem não é capaz de criar. Extraímos de quem tem potencial para embebedar quem não tem, quem acha que poderá se dar bem com o suor alheio, mas no final, ambos acabam se dando mal. Agora, descanse um pouco e tenha doces sonhos, criança. Você vai precisar... E nós também.

Ele sobe, sinto meu corpo dolorido e um profundo sono me embalando. Será que alguém já está "me tomando"? No fim das contas, acho que todo mundo pode chegar ao fundo do poço, mesmo sem antever o abismo se aproximando. Por vezes, não depende só de nós, posto que a queda vem por meio de uma cadeia ramificada de fatores. O cair pode ser coletivo, sim, mas o levantar é individual. Afinal, não adianta arrancar a venda dos olhos de quem não se dá ao trabalho de abri-los para enxergar a luz do sol.

Apesar de tudo, estou de certa forma tranquilo, pois sei que meus sonhos são fortes o suficiente para me manterem vivo até o tormento passar. Uma hora, aquele cara vai voltar, então deixe estar. O que não nos mata, fortalece. Ele vai sentir na pele a força e a determinação de quem não se entrega, não esmorece.

Escolhi adentrar ao submundo das ideias perdidas, escolhi chegar ao fundo do poço e foi uma péssima ideia, mas não escolherei ficar. Não preciso passar toda uma vida escolhendo errar e isso também cabe só a mim, a mais ninguém.

Bebam-me a vontade, enquanto podem. Alimentem-se dos meus sonhos, roubem minhas ideias, mas acreditem: quando vocês menos esperarem, o jogo vai virar!

---

**PS:** Acredite em si mesmo, na sua força e potencial. Você é um ser magistralmente racional e capaz de muito mais do que querem te fazer acreditar.

Trabalhe e se esforce para construir o seu império, não o dos outros. Sonhos paulatinamente estruturados não podem ser diminuídos por ninguém, mas para isso, você precisa agir e reagir todos os dias, nem que seja um pouquinho. O que me diz? Vamos além? Chega de acreditar que você é um "zé ninguém"?

## AURA

Seus olhos são as janelas da minh'alma
Sua inteligência me seduz com veemência
Seu sorriso potencializa minha calma
Sua aura é a melhor das aparências.

## TE PINTEI EM LETRAS

Também sou Leonardo
Mas não sou Da Vinci, minha pequena.
Não saberia te fazer Monalisa
Mas te transformei em poema.

# RUMO A PLUTÃO

E o que fazer quando caímos no fosso das incertezas?

Um vácuo no espaço-tempo

Preso entre incógnitas de um futuro e do passado.

E o que fazer quando parece que tudo já deu errado?

Quando a catástrofe é iminente e palpável

E as escolhas que fizemos nos levaram para o caminho contrário ao esperado.

E o que fazer quando nesse caminho não há retorno?

Uma via de mão única

Onde quem tenta voltar acaba abalroando e desestruturando aqueles que estavam no caminho certo, ou que simplesmente estavam onde queriam estar.

E o que fazer quando você se preocupa mais com os outros do que consigo?

Não consegue se libertar frente a tamanho egoísmo

Deixando a vida passar e o fluxo seguir rumo a Plutão, um planeta desconstituído.

E o que fazer quando tudo deixou de ter sentido?

Um mero sobreviver num mundo de “dever ser”

Restando-me apenas escrever.

E este é o ópio que me mantém dopado, mas vivo

Enquanto submerso nesse universo de sonhos e desatinos.

# PRESSÃO BAIXA

Sinto

A fraqueza

No movimento

Meu corpo não está

Reagindo à essa moleza

É quase do mesmo nível de

Quando estamos muito bêbados

Subo as escadas para tentar repousar.

Minhas pernas se arrastam e perco todo

O equilíbrio. O que está acontecendo?

Não entendo, e quando percebo

Acho que estou capotando

Escadaria abaixo, pois

oirártnoc oa àtsE

Tudo girando

Que saco

Ai!!!

# MEMÓRIAS PÓSTUMAS DE UM ESCRITOR DESCONHECIDO

Eu bem que tentei
Eu lutei, me esforcei
Mas permaneci no anonimato.

Eu amava escrever
E escrevia por amar
Mas de alguma forma, algo deu errado.

Não consegui fazer-me compreendido
Ou compreenderam-me e não fiz sentido
Em todo caso, logo serei enterrado.

Amei demais, senti demais
Me doei demais, escrevi demais

Mas meu português devia estar equivocado.

Ou, talvez não, talvez seja outra a questão
De qualquer forma, esqueçam esse raciocínio
Pois cedo ou tarde eu serei deixado de lado.

Ou será que agora que morri serei valorizado?
Ser escritor é ser um santo no planeta água:
A maioria precisa morrer para ser canonizado.

Enquanto minha alma vai subindo sem que nada eu possa fazer, vou ouvindo pessoas chorosas dizendo que vão me ler. Mas quando eu mesmo pedia para lerem e entregava meus preciosos manuscritos gratuitamente, como se fossem um saco de lixo, achavam justamente isso: um saco.

Antes, minhas *escrevessências* vinham acompanhadas de um beijo, um abraço, uma reflexão, uma explicação, uma cerveja, moda de viola e churrasco. Agora, podem ficar com os meus textos, mas garanto que eles serão bem mais... gelados. Também já podem apagar o meu contato, pois não vão mais precisar e, mesmo que precisem, infelizmente não vão mais me encontrar.

O poema foi crescendo e desembocou numa redação: de forma graciosamente linda, com certeza é a obra da despedida. Meu tempo acabou, estou ouvindo alguém em algum lugar me chamar.

Fica aqui o meu caloroso adeus aos meus e, para quem não me conheceu, não precisa lamentar. Apesar da ausência, nos meus textos vocês sempre poderão me encontrar.

Agora, vou escrever *do lado de lá* e procurar alguém para incomodar, alguém que me leia, mesmo que meio aborrecido, meio sem desejar. Quem sabe assim, um dia eu ainda consiga publicar, por alguma editora estelar.

# A MAIS BELA ENCARNAÇÃO

Encaro a página em branco
Encarno a página em branco
Encarrego-me de fazê-la tanto
E tão bem-feito que cause espanto.

Um simplório soneto a preenchê-la
Envolvendo-me à sua maneira
Transformando nada em tudo
Estruturando seu lugar na prateleira.

Ela pode dizer tudo ou permanecer intacta
Ser guardada com carinho, encadernada
Ou terminar desidiosamente descartada.

Ela pode ser-me, ao receber o que sinto
Eu posso sê-la, ao perceber que transmito
E nós, o livro: resultado de tudo isso.

# PRAGMÁTICO

Para

Parafrasear

Parece-me

Praticamente

Prático

Parar

Para

Pensar.

Poético?

Patético

Pragmático.

# O VELHO DOS GNÓIDES

— Ei, cara. Acorde. Vamos, Léo! Não me faça ir buscar um balde d'água, garoto!

Abri os olhos aos poucos — sono pesado que tenho — e fui me situando.

Deitado sobre o ombro esquerdo, comecei a ver a silhueta de alguém: um homem, um velho relativamente alto. Arregalei os olhos e encarei estagnado! Na minha frente havia um velho que eu nunca vira antes! Ele estava bem-vestido, com roupas antigas e clássicas, como se pertencesse a outro tempo. O cabelo branco cuidadosamente penteado para trás, mas com volume e ondulando a cada movimento do homem. A fisionomia dele me lembrou fortemente de *Ian McKellen*, ator que interpretara o personagem “Magneto” em *X-Man*, nos filmes. Era IDÊNTICO e me remetia imediatamente, como se o próprio Magneto estivesse em meu quarto. Achei aquilo engraçado. Estaria sonhando?

Reparei que ele começou a pegar as minhas roupas, as que estavam em cima do sofá do quarto, e arremessá-las ao chão, enquanto exclamava:

— Nossa! Você precisa arrumar esse quarto, garoto. Logo será impossível caminhar aqui dentro!

Prosseguiu com a balbúrdia — se é que se pode fazer balbúrdia em meio à própria bagunça — arremessando roupas ao chão e chutando para longe o que estivesse perto dos seus pés, até conseguir um espaço para sentar-se no sofá, o que fez de imediato. Sentei-me abruptamente na cama e comecei:

— Quem... Diabos... É você? — indaguei, com medo e certa irritação na voz.

— Calma, garoto. Diabos, não. A denominação correta seria “diabo”, porque eu sou uma pessoa só. “diabos” configura plural. Você não frequentou a escola, garoto? — encarou-me sisudo e com olhar inquisitivo. Após meu silêncio assustado, já começando a me retrair nos cantos das paredes da cama como se pudesse atravessá-las, ele finalmente percebeu que eu estava quase entrando em pânico e prosseguiu:

— De qualquer forma, não é o caso. Não. Sinto muito se o decepcionei, garoto, mas não sou o tal do “chifrudo”. — Fez dois chifres com os indicadores sobre a cabeça enquanto falava.

— Mas então, quem é você? Como entrou aqui? Onde estão meus pais? E pare de me chamar de garoto! Não tenho idade de garoto! Sou um homem! — gritei para o velho, vomitando tudo aquilo repentinamente em cima do estranho.

— Caramba! Que *stress*, garoto. Isso faz mal para a saúde, sabia? Precisa aprender a relaxar mais. Vou começar pela última parte porque vou continuar te chamando de garoto, garoto. Então preciso esclarecer algumas coisas: Quem foi que disse que a idade define homens ou meninos? Você não sabe de nada sobre nada! Você estudou tanto e acha que é tão inteligente, tão adulto, tão homem, mas seu conhecimento é nada, é pó, é grão de areia, uma gota frente ao oceano que você ignora! Aliás, será que sabe me dizer por que é que, nos dias de hoje, as pessoas têm tanta dificuldade de chegar a esta conclusão tão básica e lógica de Isaac Newton?

O velho fez uma pausa dramática, como se estivesse refletindo profundamente consternado. Após alguns segundos, emendou:

— Mas enfim, continuando: você será um homem quando eu disser que se tornou um homem e não antes disso, garoto. Até lá, contenha-se e limite-se a sua insignificância. Se você fosse um homem eu não precisaria estar aqui, mas estou, porque você ainda é só um garoto assustado e limitado. Se você fosse um homem eu não precisaria puxar sua orelha logo em nosso primeiro encontro, como se fosse uma criança birrenta e, a bem da verdade, talvez você seja exatamente isso. Mas se lhe serve de consolo, um dia será um homem de verdade. Lhe prometo que me esforçarei para isso, no que depender de mim. Um homem de verdade é sábio. O sábio é atento, concentrado, observador, tranquilo, bem resolvido, não se assusta com facilidade porque sabe que tudo é possível, evita *stress* o máximo que pode, raciocina e busca soluções e explicações em meio ao caos, em vez de se desesperar e agir por impulso, equivocadamente, sendo dominado pelo medo. Uma criança só se torna um homem quando se torna sábio. Esse é o verdadeiro divisor, e não a idade biológica. Já vi homens com dez anos e crianças com vinte e seis, como você. E para ser sincero, as crianças são mais sábias e mais "homens" na inocência da infância do que quando estão nesse período de transição. Parece que ocorre algum tipo de regressão mental para só depois progredir em definitivo. Mais alguma dúvida quanto a isso, garoto?

Eu estava boquiaberto com a inteligência daquele velho e também com a audácia dele. Não podia deixar barato. Não gostava de enfiar o rabo entre as pernas diante de uma afronta, nunca gostei:

— Beleza, que seja então, senhor "sabichão". Mas como é que você quer me dar algum tipo de lição de moral sobre ser sábio e ser um homem se você invadiu a minha casa?

— Céus! Vai ser mais difícil do que eu pensava. — murmurou revirando os olhos e então continuou:

— Já te disseram o quanto você é chato, garoto? Está na profissão certa, *advogadozinho*. Mas, ao mesmo tempo, é tão cego! Eu não invadi nada. Fui convidado a me apresentar porque claramente você precisa de mim, e mais do que eu imaginava, a propósito.

— Mas, a porta estava aberta? Convidado? Pelos meus pais? Onde estão meus pais? Questionei a todo vapor, metralhando, ainda beirando o desespero e já deixando o orgulho ferido de lado. Haviam questões mais importantes. Tudo aquilo era loucura total!

— E eu lá tenho cara de babá dos seus pais, garoto? Se você não sabe onde eles estão, por que eu deveria saber? Fui convidado pelo *Cosmo*. Na verdade, quando o *Cosmo* decide não nos resta opção senão cumprir a sina designada, então não foi bem um convite, é só uma forma polida e elegante de dizer. Aliás, você deveria ser mais elegante, senhor advogado — disse pegando algumas peças de roupa na pilha ao lado dele no sofá, observando-as com desdém antes de soltá-las e retomar o raciocínio. — Mas confesso que vim de bom grado nessa missão, por ser você, garoto.

— Mas o que tenho eu de especial? E quem é você? E quem é esse tal de *Cosmo*? — questionei, aturdido.

— Calma, garoto! Calma. Ainda é muito cedo, não posso interferir abruptamente no ciclo do universo, certos caminhos ainda precisam ser percorridos por conta própria e na ignorância. Não existe nada como o processo empírico para nortear e elucidar a vida, os mistérios, o destino. É necessário que cada mente se desenvolva e descubra tudo outra vez, do zero. Já tivemos essa conversa, mas é claro que você não tem como se lembrar disso. O ciclo, eterno ciclo. Lá e cá, cá e lá. Ora lá, ora cá. Confesso que até mesmo eu já estou quase enlouquecendo, acho que deveria me aposentar, é muito tempo na ativa.

— Não consigo entender. Você precisa ser mais claro e específico, não faço ideia do que você está falando! Tudo bem, talvez eu não seja tão sábio, admito. Mas isso tudo é loucura, parece que está falando em uma língua estranha comigo.

— Nunca deixa de ser uma língua estranha, garoto. É complexo, eu sei. Até mesmo para quem compreende. Às vezes, ainda não entendo certas coisas, certos mistérios. E acredito que jamais compreenderei alguns pontos, a não ser que o *Cosmo* queira me revelar algum dia, em alguma era, algum milênio. Fato é que você precisa sintonizar, garoto. Você precisa se situar e não posso fazer isso por você, não posso simplesmente lhe entregar respostas de mãos beijadas, você precisa buscá-las, você precisa descobri-las por si mesmo, em sua grande maioria. Posso apenas lhe mostrar uma coisa ou outra, fomentar sua curiosidade para que saia da zona de conforto e preste atenção naquilo que realmente importa. Posso lhe dar o quebra-cabeça, colocá-lo na sua frente e até localizar as cantoneiras para você, mas você precisa encaixar as peças com suas próprias mãos. Encaixe as peças, garoto. Ligue as coisas. Você é inteligente o suficiente para isso, apesar de ainda ter muito o que aprender.

Tudo aquilo me pegou de surpresa, eu não estava preparado. Acho que ninguém jamais estaria.

Comecei a pensar, raciocinar para tentar encaixar as peças. Foi quando me lembrei de outra coisa que também tinha me pegado de surpresa:

— Os gnomos?! — soltei, exasperado!

Meu Deus! Os gnomos! Eu havia me esquecido completamente do que tinha acontecido horas antes naquele mesmo dia e agora tudo vinha à tona outra vez. Teria uma coisa a ver com a outra? Aquele velho e os gnomos? Só sei que as únicas coisas estranhas que tinham me acontecido em vinte e seis anos se resumiam aos eventos daquele dia: os pequeninos e o velho. Então, sem pensar muito na correlação entre uma coisa e outra, acabei simplesmente indagando novamente:

— Tudo isso tem a ver com os gnomos que eu vi?

— Boa, garoto. Finalmente estamos obtendo algum avanço por aqui, ainda que pequeno e parcial.

Deveria colocar a cuca para funcionar mais vezes, me parece que ela funciona bem, afinal.

— Mas o que foi tudo aquilo? Quem são aqueles gnomos? O que está acontecendo comigo?

— Calma, garoto. Não regrida, não se desespere. Pare de fazer tantas perguntas. Pense mais, fale menos. Isso será bom até mesmo para sua vida física, terrena, para seus relacionamentos e para a sobrevivência neste mundo. O sábio se cala, fala pouco, pensa muito. Seja astuto, nunca escandaloso.

Minha cabeça era um avião em turbulência, beirando à queda. Comecei a formular outra pergunta, mas lembrei-me das palavras dele e silenciei, optando por raciocinar ao invés de questionar. Ele continuou:

— Já saímos da estaca zero. Foi um grande avanço para um dia. Tudo a seu tempo. Preciso partir, garoto.

— Mas e... — comecei a falar, quando ele me interrompeu:

— Agora você vê. Agora não vê mais.

— Espere! Você também... — ele me interrompeu estalando os dedos, silenciei e eu não quis nem piscar, já prevendo seu desaparecimento imediato. Mas nada aconteceu, ele continuou sentado ali no meu quarto. Parece que minha cara de espanto por ele não ter sumido foi tão cômica que ele desatou a rir de mim e logo estava gargalhando. Após recuperar o fôlego, disse:

— Parece que você está em choque por eu não ter sumido. Até que você se acostuma rápido para alguém que nunca teve contato com questões que escapam às regras da física. Formidável! — exclamou.

Confesso que fiquei tentando entender o que saíra errado quando o velho não sumiu de imediato. Diante da minha inércia e cara de tacho, ele emendou:

— É brincadeira, garoto. Não funciona assim para mim, nem para mais ninguém. Apenas para os Gnóides... — interrompeu-se subitamente, como alguém que está prestes a soltar algo que não deveria, como alguém que quase conta sem querer um segredo que jurou guardar. Captei a surpresa em sua face e tratei de aproveitar a oportunidade:

— *Gnóides*? O que é isso? Diga! O que ia dizer?

— Nada, garoto! Já falei demais por hoje! E é verdade, preciso ir agora. Apenas lembre-se: nem tudo é o que parece ser. Sua mente, mente. Seus olhos, iludem. Sua massa cinzenta direciona e norteia seu raciocínio baseada apenas naquilo que você conhece, nas experiências que possui. Sua intenção é ajudar, solucionar, identificar, mas como você não conhece tudo e não possui todas as experiências do mundo, ela pode pregar peças em você em vez de cooperar. Apenas abra seus olhos, abra sua mente. Nem tudo é o que parece ser. Lembre-se! Nem tudo é o que parece ser! Vamos, repita isso comigo! Preciso ir imediatamente! — exclamou, praticamente exigindo que eu dissesse as palavras. Então, comecei a pronunciar:

— Nem tudo é o que parece ser, nem tudo é o que parece ser...

Acordei ouvindo o som da minha voz balbuciando aquela frase, com a língua um pouco pesada. Abri os olhos, assustado! Mais do que depressa, sentei-me na cama e comecei a olhar por todo o quarto: ele não estava lá, o sofá vazio. Droga! Tinha sido um sonho? É claro que tinha sido um sonho — censurei-me por cogitar o contrário.

Voltei a deitar e fiquei repassando o sonho na mente durante algum tempo, buscando manter cada detalhe vivo e reforçar coisas que começavam a fugir da memória. Foi quando recordei-me do início do sonho. Arregalei os olhos e sentei-me na cama novamente, passando-os rapidamente pelo perímetro, com o coração batendo na boca!

— Ah, não! Por favor, não! Não pode ser! Impossível! IMPOSSÍVEL!

Com a respiração aflita e entrecortada, exclamei, fitando aquela cena dramática sem desviar os olhos: algumas roupas jogadas no chão, apenas as que ocupavam aquele espaço do sofá onde o velho se encontrava no "sonho"; O estofado do assento afundado no meio, como se alguém tivesse sentado lá recentemente e permanecido durante um bom tempo.

— Ah não, cara! — exclamei. — Acho que preciso de um psiquiatra!

# MINHA SINA

Princesa
Tu és a própria beleza
Vestida em Jasmim.

Até os girassóis
Se torcem e dão nós
Só para olhar para ti.

Os campos floridos
Admiram exauridos
A mais bela flor do jardim.

Suave como a brisa
Fatal como a sina
Que a vida trouxe para mim.

# CALMA, MOÇA!

Moça
Você é bela
Mesmo longe da passarela
E sem precisar pesar trinta quilos.

Moça
Não se iluda
Pois a moda muda
E o mundo adota um novo "bonito".

Moça
Tua beleza tá no peito
Indubitavelmente do lado de dentro
Onde a gravidade não opera...

... e o tempo é requisito.

# AUTOESCRAVIZAR

Dizem que a escravidão acabou, mas eu não acredito nesse conceito pifiamente rebuscado. É mera frase de efeito estampada num barco furado. Se a escravidão acabou, porque é que mau dá para sobreviver com um salário? Se a escravidão acabou, porque é que não cumprem os direitos duramente "conquistados"? Se a escravidão acabou, porque é que precisamos brigar na justiça pelo mero cumprimento de algo previamente acordado? Se a escravidão acabou, porque é que a própria justiça retira meus direitos ao forçar acordos, reiterando que trabalhei tanto por que sou pobre, escravo e... Otário?

Velar, camuflar, mudar o nome não elimina o problema. Aos escravos desse nosso Brasil, peço que sejam fortes. Que Deus os abençoe e, boa sorte. Pois nos fizeram "livres", mas não nos deram diretrizes e muito menos um ponto de partida para recomeçar. É justamente assim que nos forçam a voltar, mendigar; e assim vamos vivendo de trocados lançados, das sobras de quem só sabe explorar.

Vamos seguindo e aceitando sem opção esse nosso próprio ato de escravizar, ou *"autoescravizar"*. É. Talvez estejamos fadados mesmo. Ignorem esse mero desabafo, sigamos com nossas vidas de gado e perdoem-me pela ausência de síntese, sei que "longos" textos não são bem-vistos e nem aceitos nos dias atuais, mas é que ainda há tanto a ser dito! Como, por exemplo, esse "PS" aí...

**PS:** Se a escravidão acabou, por que é que a educação é tão precária e ainda tem tanta gente aplicando de forma equivocada o uso dos "porquês" e do "mal/mau"? Será que alguém se dignou a perceber?

# ÁRVORE E TINTEIRO

O poeta e a folha são a mesma coisa
Metades de um todo.

Uma questão de dar e receber
Com a liberdade de sermos quem somos de verdade.

Fatalidade seria restar-me só, sendo metade.

Obrigado, querida árvore.
Obrigado, meu amigo tinteiro.

Graças ao seu sacrifício e disponibilidade
Posso ser inteiro.

# DESCANSA EM PAZ, RHAÍ

Rhaí... Meu irmão, amigo e parceiro. Meu querido primo que, apesar da distância e do pouco contato, sempre foi tão companheiro. Eu escrevi uma grande homenagem para você, meu guerreiro! Mas quando as coisas acontecem, parece que vem tudo de uma vez: o meu celular travou e apagou isso também. Infelizmente, jamais vou conseguir recriar tudo que escrevi, na arte e genialidade da espontaneidade do sentimento jorrando para fora tudo que está lá dentro. Por isso, te peço perdão e espero que, de alguma forma, você consiga ler a outra versão aí no outro *plano*. — Fala sério, mano. Que ano!

Sempre vou me lembrar da nossa infância, do futebol, das bagunças, risadas, o café na casa dos tios, pintar o cabelo de verde com tinta guache e todos os outros dias felizes.

Obrigado pelo nosso último encontro, obrigado por aquele futebol que jogamos no aniversário da vó Luzia! Foi bom demais! Quem via tua recuperação jamais imaginaria que hoje seria esse dia de tormento. Jamais vou me esquecer da alegria que foi ver você jogando bola com seu filho — vi o futuro que almejo para minha vida naquela cena, irmão.

Camisa dez joga bola até na chuva, e hoje é um dia de muita chuva. Eu sei que toda essa chuva vai demorar passar, para todos nós. Mas o que me conforta é saber que, até mesmo em meio a todo o caos, Deus continua no controle e essa despedida é um mero "até logo".

Mata mais essa no peito e mete a bola no ângulo, meu querido. Em breve voltarei a jogar contigo nos verdes campos aí de cima. Até lá, sei que teu filho vai honrar teu nome e levar consigo tudo que aprendeu contigo. O moleque é bom de bola e você sabe bem disso. Não vai se surpreender se um dia puder ver ele jogando no Barcelona, no Real Madrid ou no Paris (qual tu preferes, me diz?), levando nas costas teu nome, Rhaí, e nas veias o teu sangue guerreiro, batalhador, vencedor!

A morte não é o fim, e sei que você sempre soube disso, então fica tranquilo. Você tentou, você lutou, fez seu melhor. Agora descansa, descansa por todos nós, pois também estamos precisando descansar desse mundo caótico. E não esquece de bater aquela bolinha de vez em quando por mim, parceiro — como diria Romário, outro craque baixinho.

Tão novo, tão cedo. Dias de luta, luto e sofrimento. Infelizmente, qualquer coisa que a gente possa fazer por você e para você nesse momento, será eternamente pequeno. Vai na fé, meu guerreiro. Manda lembranças minhas para o vô Enéias e para o tio Renato. Um dia, toda a família estará reunida novamente, em contato. E dessa vez não precisaremos nos preocupar em trabalhar feito condenados para sobreviver, sem tempo de viver, em troca de uns trocados.

Sei que é um gesto pequeno e não liberta amigos e familiares da saudade, meu amigo. Mas o que está ao meu alcance, hoje, é eternizar-te neste simples livro. — Seja muito bem-vindo ao meu cantinho, um emaranhado de ideias.

Enquanto as histórias e as palavras viverem, seremos eternos.

# O SENTIDO DA VIDA

Tentei encontrar
O sentido da vida
No fundo do mar
Das causas perdidas.

Encontrei tragédia
Decepção e agonia
Infinitas moléstias
Opróbrio e ironia.

Até que me cansei
De nadar pelo caos
E roguei a Deus.

Aportei no Seu cais:
'O sentido da vida'
E lá vivia a tão desejada... Paz.

# ETERNAMENTE ETERNO

Quem diria
Que um dia eu pensaria
Em cogitar que um dia
Escreveria e cantaria
Minhas dores e alegrias
Amores e ilusões
Sonhos e frustrações
Resolvendo problemas
Batendo no sistema
Criando a partir do poema
Um mar de reflexões
Em tantos corações
Carregados de dilemas.

Se me arrependo?
Te digo:
Com certeza...

Por não ter começado antes
Mas não tem problema
Pois vivi apenas ¼ de uma centena
E se tiver mais três
Serão de grandes produções.

Se não me restar muito tempo, porém
Está tudo bem também
É só uma questão de acelerar o processo criativo
E assim eternizar meu acervo
Eternamente vivo nesse mundo
Em variadas prateleiras
Talvez empoeiradas num canto
Ou exibidas com notória beleza
Em casebres ou nas bibliotecas da nobreza
Quem sabe até fazendo parte de alguma realeza
Em silêncio fúnebre e nostálgico enquanto fechado
Mas regendo concertos neurais quando aberto
Sendo eternamente relevante, eternamente eterno.

# ANARQUIA EXTERIORIZADA

Acordei e bateu aquela necessidade inconveniente de escrever, aquela que não te deixa dormir novamente antes de juntar algumas palavras e formar um pseudonada.

"O que você faz da meia-noite às seis?"

Isso com certeza se aplica e me explica bem.

Anarquia exteriorizada

Acho que já posso colocar um ponto.

Pronto.

Final?

Nem te conto.

# GARI ANDARILHO

Olhos postos em um gari andarilho
Observo em silêncio, no meu cantinho
Junta o lixo, arranca o mato que cresce na calçada
Joelhos no chão, sol quente na mente
Tanto esforço para, no fim do mês
Lucrar migalhas indecentes
O melhor exemplo de sobrevivente
De quem teve que lutar desde sempre
De quem não teve pai ou mãe
Para impulsioná-lo à frente
Um mero "alguém" quase invisível
Aos olhos prepotentes
Tratado mais como "algo" do que como gente
Mas que, em sua simplicidade
Lentamente embeleza a cidade
E sobrevive escassamente

É taxado por muitos como indigente
Marginal ou maltrapilho
Mesmo trabalhando dignamente
E então me ocorre, de repente:
Quem dera se, metade da sociedade
Tivesse a postura e disposição
De cada pobre gari andarilho
O exemplo vivo de que é pura hipocrisia
Querer falar sobre meritocracia
Nesse Brasil de valores trocados e ironias
Afinal
Quem deveria ganhar mais:
O gari ou o filhinho de papai?
Pois é.
Conte-me mais sobre essa tal
"*Meritomãetia*".

## NÁUFRAGOS

Nas ondas da vida
Naufraguei meu barco
Mas fracasso não é opção
Náufragos são meros percalços.

Questionei-me o que ainda tinha
Minha mente respondeu: “nada”
Agradeci prontamente
E segui a nado.

## ALÉM DO HORIZONTE

Pontes nos fazem avançar
Fontes nos fazem mergulhar
Montes nos fazem perseverar
Horizontes nos fazem sonhar.

# QUESTÃO DE TEMPO

Tava na cara que era para ter sido, mas não foi. Talvez seja por isso que continua sendo por tanto tempo, esse inevitável "nós dois".

Talvez, tenha sido só uma questão de tempo mesmo. Talvez, o tempo que julgávamos propício, não seria de início o tempo certo. Ou, talvez, o tempo tenha sido mais esperto e tratou de jogar-nos na roda dos indecisos, tecendo seus fios e nublando o destino. Mas, no fim, não é complexo.

O destino é sempre conexo e prevalece frente aos desmandos desse tempo sem nexo, por vezes irritante, cronológico demais, impondo a ordem das *acontessências* das maneiras mais ilógicas. Mas, talvez, a graça da vida esteja justamente na falta de lógica. Simplesmente tem que ser, quando tiver que ser.

E assim vamos seguindo o fluxo, desembrulhando lentamente os presentes que a vida nos dá, no seu tempo. E talvez nem haja tempo certo, até porque o "certo" é relativo. Talvez seja uma questão de oportunidades e momentos que nem sempre são cíclicos e, quando realmente têm que ser, acontecem, ou então se repetem.

Afinal, a quem estamos tentando enganar, posto que o destino é realmente inexorável? De qualquer forma, ainda tá na cara: sempre foi *"só"* questão de tempo.

# BRINCANDO COM AS PALAVRAS

Sentir é dom para quem sabe ouvir o coração.

Mas o problema é justamente esse:

Sem ti é dor rara, nem cabe sorrir na oração.

Sentir é dom

Para quem sabe

Ouvir o coração

Mas...

Se em ti

O som cala

Quem saberia

Ouvir

A abafada oração

Do seu coração?

# PENSE!

Pense! Somos todos diferentes, por mais parecidos que, de repente, você pense ser. Justamente porque somos o "ser", esse verbo que independe de classe social, raça, religião, preferências, aparências ou nação. É sério! Pense! Já notou quantas vezes você se identifica com pessoas que, talvez, estejam do outro lado do mundo, enquanto pessoas próximas não parecem ter o mesmo conteúdo? Já reparou o quanto esse "ser" é tão individual e independe, muitas vezes, até mesmo da criação que recebemos e das visões de mundo que nos cercam?

É justamente a falta dessa compreensão que causa tanto atrito e confusão. A diversidade está aí, seria ridículo tentar negá-la ou tentar padronizar algo tão essencial, justamente por ser essência e não imposição. O que isso significa? Significa que podemos ser irmãos mesmo com divergências em nosso ponto de visão. Não precisamos ser inimigos porque temos gostos ou pensamentos diferentes, será que você me entende?

Eu cansei de ver nossa gente sendo morta, cansei da classificação social pela marca da roupa ou pela cor da pele. Será possível que isso não te fere? Será que existe mesmo alguém tão indiferente ao negligente trato diferenciado destinado aos "diferentes"? Mas afinal, o que é "diferente"? Tá vendo?! Tudo depende! Depende do meio em que você vive, das suas influências, das suas razões e experiências.

Talvez se, antes de atacar alguém, pensássemos em nossas próprias escolhas baseadas na nossa "bolha", conseguiríamos compreender que todas as pessoas desse nosso vasto universo possuem suas próprias "bolhas", de um jeito ou de outro, com uma visão ou outra.

Em vez de nos matarmos, por que não tentar entender a cabeça da outra pessoa e diversificar?

Misturar ideias, tentar compreender o outro mesmo sem, muitas vezes, concordar com ele. Às vezes, dar o braço a torcer, mas em outros momentos também ter a convicção de que não pode ceder em determinado aspecto. Tudo se resolve no diálogo, na conversa. Ou, ao menos deveria ser.

Você precisa entender que seu ponto de vista é apenas um em sete bilhões, possuindo concordância e discordância dentro desse número. Então por que você não para de odiar, maltratar, isolar e começa a tentar amar, respeitar e aproximar?

Sempre teremos grupos, clãs, afinidades. Seria hipocrisia dizer o contrário, porque isso é humanidade. Mas não precisamos matar alguém porque a camisa do time desse alguém é de outra cidade. Até porque, a verdade é que o nosso maior ódio não está no diferente, o que nos irrita é não conseguir mudar as pessoas, não conseguir enfiar nossa visão goela abaixo:

— "ELE NÃO ME ENTENDE!"

Talvez até entenda, mas continua pensando diferente, então respeite.

Quando a gente compreende isso, fica muito mais fácil conversar sobre política, futebol e religião sem transformar o diálogo num campo de guerra, mantendo tudo sempre no campo das ideias.

Francamente, as vezes me parece que a humanidade não consegue sair do jardim da infância, não consegue avançar, evoluir. Deixar de lado tanta arrogância e prepotência em detrimento do "ser" e da coexistência.

É sério! Pare um pouco de ver futilidades e pense! Reflita e reveja seus conceitos! Nossa cabeça fica em cima do pescoço e serve para ser usada.

## HOBBIE, JOB, LOVE

Doce madrugada
Calada da noite
Segue calada.

Não falo nada
Mas penso
Escrevo.

Deveria dormir
Nem tento
Esqueço.

Posso me ouvir
Respirando
Repenso.

Quem faz o que ama
Faz até na cama
Não tem preço.

Vai faltar espaço e você nunca saberá
Que na linha debaixo...

## MOONLIGHT

Fiz da beleza da lua meu amuleto
Mas não em um soneto ou haicai
Precisarei de apenas um quarteto
Apreciando em trova a *moonlight.*

## SHERLOCK HOLMES

Sir, lock home
Elementary dear Watson
Take it easy, Arthur.

# AI SE SESSE

Ainda que eu estivesse completamente
Insensível e bloqueado às questões do coração

Seria impossível ignorar sua presença tão
Esplêndida e marcante na vida de qualquer

Ser humano capaz de vislumbrar seu andar confiante
E seu corpo exuberante que abala estruturas
Sem a menor dificuldade e com total propriedade
Sobrepujando expectativas de olhares alhures e sagazes
Enquanto me ocorre aquela frase: “Ai se sesse!”

# DISPLICENTE

Mesmo estando longe
Eu me sinto perto
Mesmo estando perto
Eu corro para longe
Desse teu afeto
Que me afeta
E aquieta a alma
Mas de longe espanta a calma
E eu me sinto um feto
Num ritmo frenético
Visto a dependência dependente
Assisto a iminente eminência desse agente
Dominando a gente
Feito um trem desgovernado
Remetendo ao passado
Um submundo indecente

Desolado e decadente

Cê me entende

Quando a alma sente

Geralmente a luz não acende

Para iluminar nosso passo...

displicente.

# AUTOBIOGRAFIA

Certo dia, pediram-me uma biografia minha:

— Nada muito elaborado, ok?! Só o básico. — disseram-me. Mas afinal, quem sou eu? Comecei a fritar os miolos e, paulatinamente, "construí-me" em formato de bolso:

> *Advogado, pós-graduado em Direito e Processo Previdenciário; Escritor e poeta o tempo todo, até mesmo nas horas em que não poderia ser – "ninguém segura esse bebê"; Músico e compositor, cheio de melodia, reflexão e amor constantemente fluindo pelos dedos, caneta e papel. Um visionário sonhador, com os pés no chão e a cabeça na lua: Pés descalços e mente aberta, buscando respostas "certas" nesse universo de incertezas, com muitos caminhos a percorrer e muito ainda a aprender. Apaixonado pela arte em geral, mas aficionado pelo poder e magia da palavra escrita, a famigerada escrevessência. Não há nada mais gratificante do que brincar com as palavras e vê-las responder prontamente, como quem diz: "alguém me*

*entende". Pois é. Devaneios, neologismos provenientes dessa minha divertida mente.*

— Está grande demais, precisa ser mais sucinto! — anunciaram-me em tom de reprimenda, insatisfeitos. Desculpei-me, mas enfatizei que este é exatamente quem sou, minimamente. Afinal, como eu poderia ser menos do que quinze linhas ou cento e vinte palavras?

Logo se cansaram de mim, disseram que eu era complicado demais, complexo demais:

— Gostaríamos de informações mais "superficiais", tudo isso é profundo demais.

Precisei desculpar-me novamente. Por qual razão querem que eu seja raso, quando não sou? Aliás, tinha até achado que minha descrição já tinha ficado curta e superficial demais. Eu tenho 25 anos, resumi minha essência em quinze linhas e ainda era muito. Sinto muito, mas não vou diminuir ainda mais quem sou para me tornar quem eles querem que eu seja.

— Deixa, amigo. Não precisa mais.

Desistiram de me conhecer. Deixaram para trás a autobiografia mais curta da história, taxando-a exageradamente longa, rebuscada e demasiadamente complicada. Achei interessante notar o grau de complexidade ao qual as pessoas estão se submetendo hoje em dia, ou melhor: não estão se submetendo a nada que exija um pouquinho de raciocínio, talvez seja por isso que tem sido tão fácil fazer lavagem cerebral e mobilizar as massas. Hoje em dia tudo tem que ser compacto, rápido, prático e superficial para essa sociedade *miojo* — instantânea.

Eu até poderia ser menos "complicado" como querem que eu seja, mas aí eu me complico comigo e com tudo em que acredito. Não, amigo, deixa mesmo. Deixa que eu me entendo comigo.

# FOTO GRAFIA

História em imagens
Grafia registrada
Forma de escrever na alma
À base de cores vivas
Em pincéis de luz alva
Lembranças congeladas.

Foto grafia
Fotogra... fia
Os fios da vida
E faz poesia.

Independentemente da lente
Se simples ou potente
Por mais que o ser humano invente e incremente
O que importa é recordar o infungível dentro da gente.

# HIPOCRISIA

Se o amor é puro
Me considere puritano
Mas se for pagão
Me considere profano.

Se a personificação do amor é Cristo
Me considere cristão.

Mas se eu fizer acepção de pessoas
E não me importar com o próximo
Me considere ilusão.

## SOL

Sorrir é de graça e ilumina o dia tanto quanto
O maior astro desse nosso sistema, só que a
Luz vem de dentro e tende a clarear problemas.

## QUE SARRO

Esperar não é tão ruim quando se dedica o tempo de espera a algo produtivo. Faz uma hora que você entrou, já deve estar saindo e eu nem vi o tempo passar.

Você acabou de chegar, abriu a porta do carro e eu continuo escrevendo, desenfreado. Que sarro. Um livro se fará proveniente de tanta espera.

Quem foi que disse que só se pode esperar enquanto esperamos? O mundo não para, o tempo não para. Se não agimos, para trás ficamos, até mesmo quando esperamos. E você, o que está esperando? A vida tá passando!

# O PREÇO

Tudo nessa vida tem um preço, é verdade, mas alguns são mais altos do que outros. Qualquer forma de arrependimento dói, mas o arrependimento pela dúvida dói muito mais do que o arrependimento pela ação. Sim. O preço da covardia é a incerteza: *"e se..."*?

O problema é que esse constante *"e se"* simplesmente não existe, e se você costuma se fazer essa pergunta, sinto lhe dizer que a resposta é *"e nunca"*: e nunca tentou, e nunca amou, e nunca arriscou, e nunca venceu, e nunca percebeu que a vida passa e os sonhos vão virando memórias distantes de uma vida fabulosa que poderia ter sido, mas não foi.

Acordar aos 80 e se deparar com um mar de incertezas acumuladas numa velha prateleira, num canto qualquer da alma, deve doer. O preço da coragem sempre será incerto, é fato. Mas o preço da covardia, você já sabe qual é. Acabou de conhecer.

# RENATO RUSSO

Mas é claro que o sol
Vai voltar amanhã
Já dizia Renato.

Amanhã vai notar
Que o sol já voltou
A clarear

A manhã, à tarde
E o fim dela
Prefácio da noite
Prólogo do amanhã

Mais uma vez
Mais uma chance
De acreditar e alcançar
Algo bom nesse mundo — Já dizia o Russo.

# IDEIAS

Ideias são mensagens atemporais que viajam pelo universo a procura de receptores. Estamos constantemente cercados por elas e sequer percebemos.

Sabe aquela música que você adora ou aquele livro que prende sua respiração? Aquele jogo no qual você é viciado ou o *Kindle* na sua mão? Pois é. Tudo começou com uma pequena fagulha de inspiração chamada... IDEIA.

Uma ideia pode passear e cascatear pela nossa mente, mas também pode passar batida. Aquele estalo que te move a criar ou a tal da negligente preguiça:

— "Aah, depois eu anoto; depois eu faço; depois..."

Talvez não exista depois.

Parece-me que o mundo das ideias é extremamente vasto e ativo, rejeitando aqueles quc não estão prontamente disponíveis a representá-lo em sua integralidade e completude.

Será que uma ideia perdida se apresenta à outra pessoa aberta a recebê-la ou será que cada pessoa tem sua própria cota fixa de possibilidades e ideias enterradas ou desenvolvidas? Será que, aquela frase que a gente esquece, vai parar na mente de outra pessoa para que possa ser concretizada ou será que se perde em alguma espécie de limbo? Um buraco no espaço/tempo, talvez?

Eu não sei. Tudo que sei é que não me arrependo de nada que criei, assim como lamento profundamente pelas ideias que desperdicei.

Criar é vida, desenvolver algo em vez de meramente reproduzir o que foi feito por alguém. Produzir, contribuir para com a humanidade em detrimento de apenas sugar.

Aprecie a força criadora, antes que ela escolha outra pessoa e só lhe reste lamentar por aquele “e se” eternamente sem resposta, do qual sua mente nunca vai se livrar.

Nunca custou nada tentar. Nada além da sua zona de conforto, é claro.

# OBRA-PRIMA

A natureza assovia
Sua infinita pureza
Em tons e melodia.

O som do minuano
Folhas farfalhantes
As ondas, o oceano.

Ruidosas trovoadas
Dançantes cascatas
Sua lufada e rajada.

A vida produz sons
E a natureza é vida
A música é infinita.

Infinita é a sinfonia
Em cada respiração
Denota-se sincronia.

Alinhando destinos
Recriando os hinos
Ditos obras-primas.

# ESCREVESSÊNCIA

Escrevessência: a essência das palavras, a vivência das letrinhas. O alívio nas entrelinhas; a vida com estrelinhas.

O escritor, um compositor na dor, coautor em seu torpor, abusa do beto.

— Beto? Que beto?

— O Alfa.

Por vezes sem nexo, disléxico, até sem teto, mas nunca sem mérito. Jamais abandona a contribuição social, posto que sua contraprestação reside no âmago da sinceridade e amabilidade em constante sincronia com a revolução e a nostalgia, aliviando as almas alheias com seus devaneios tão peculiares e correlatos, direcionando à inevitável serenidade proveniente de quem escreve e de quem sente. Paz. Compreende?

Às vezes, meio desligado e confuso, quiçá atrasado, mas sempre no cerne da questão, escrevendo com muita dedicação e amor, de dia e de noite, o tal do escritor.

Escrevemos porque a voz e a caneta são nossas maiores armas nessa era. Portanto, obrigado a vocês, queridos leitores. Já que a única lei que realmente transforma é a leitura, vocês são e sempre serão nossos embaixadores.

O futuro da humanidade está em suas mãos. Não desperdicem essa chance, e jamais "lavem essas mãos", pois o indiferente é tão culpado quanto aquele que sentencia e executa o inocente.

Texto escrito em parceria com:

***Nathália Lacerda Gomes***

Instagram: @nath.lacerda

# MINHA ESCADARIA

Hoje olhei para o céu
E vi meus sonhos nas nuvens
Para poder alcançá-los, escrevi
Fazendo do texto os degraus e o estopim.

Seja
No livro
Na música
Ou na poesia.

Vou dando uma de engenheiro
Projetando cada detalhe e fragmento
Cada linha da minha escadaria, até onde...

Venço
Finalmente

Quem é que diria?
Cantando, escrevendo
Compondo, ritmo e melodia.

Alguns são poetas no topo
Outros se dizem poetas sem topo
Eu digo: sou apenas um poeta, na minha.

# VI...VER

O sol brilha
Na cidade ou numa ilha
Com a mesma intensidade.

A diferença estaria
No que a gente faria
Usufruir ou menosprezar
Por não ser como eu queria?

Fatores que nos levam a desperdiçar
O azul do céu e a bela luz do dia
Que deveria ser sempre plena
Posto que é a mesma
Em Cancún ou na periferia.

"Eu preferia em Cancún", você diria

E eu também, mas não deixe de perceber

Que aqui o sol também brilha

Basta olhar para cima

Perspectiva, ponto de vista

Escolha como vi...ver.

# SORVETE

Um pote de sorvete, uma colherada de alegria

Uma doce companhia, risadas, euforia

Ingredientes da nossa alegre metanoia

Componentes, o conjunto da obra

Uma bela sinfonia com tons, texturas

Teu sorriso, teu incômodo com o silêncio

Tua vontade aleatória de comer laranja

Tua voz a ressoar, cantar

Fazendo uma nova postagem

Na qual acabou de me marcar

Em qual insta? Nem sei mais

Mas a notificação acabou de chegar

"*Ela tá toda blogueirinha*"

Extremamente conveniente começar a tocar

Quem diria, nossas noites e rotinas até no insta

Fotos, divulgações, parceria

“Eu vou comer tudo”, você disse enquanto eu escrevia

Era o resto do sorvete que ainda tinha

Mas apesar da ameaça, você não comeu

Colocou na colher e me deu

Pois é. A gente é assim, né minha ruivinha?!

Você pegou o violão, vou aí te dar uma aulinha...

Desatou a rir e me levou ao riso também

Pelo simples fato de te ver sorrindo

Nossos pequenos detalhes, simplicidade que adoro

E sempre vou levar comigo

Minha melhor amiga, minha menina

Teu coração é meu abrigo.

# INSPIRAÇÃO

Dias de inspiração
Tento escrever uma legenda
Quase sai uma canção.

Um novo poema
Um novo verso
Um novo refrão.

Visão simplista
Apesar de criativa
Pois a vida é simples.

E, se o que vale é a intenção
Reúno poemas em coleção
Dando vida a novos livros.

# CAPISCE? PERFEITO

As pessoas não entendem que, muitas vezes, ajudar os outros é de graça. Não custa nada, literalmente. É justamente quando a gente identifica quem está do nosso lado e quem são as cobras criadas, quem se faz de rogado.

Mas tudo bem. Só quero deixar bem claro: os verdadeiros eu sei quem são. E lá na frente, quando surgir um batalhão de gente, eu ainda vou me lembrar dos verdadeiros, já que dá para contar nos dedos.

Além de não colaborar, ainda tenta desmotivar? Eu entendo o fardo: deve ser difícil esse negócio de ser mal-amado, mal resolvido, mal-humorado... Mal, ruim, tóxico.

É arrogância? Não, só prefiro distância. Até porque um dia a vida cobra. Tudo que a gente faz para os outros, volta. Tanto o bem quanto o mal. Malfeito, feito. Capisce? Perfeito.

## A ESSÊNCIA DA COLETIVIDADE

Não há nada como a paz interior
Sentir-se pleno mesmo em dores
Saber ser feliz onde quer que for
Sem depender de pseudoamores.

O tempo passa, a vida vai seguir
Assim como os pássaros passam
E levam as sementes longe de ti
Plantando em outros seu pedaço.

Aquele pedacinho do nosso “ser”
Sempre é levado por quem parte
Que também se deixa para saber
Que somos a própria coletividade.

# DILEMAS DE UM PONTO

Nunca gostou de ser ponto: tachado de destruidor de corações, estraga prazeres. Queria mesmo era ser vírgula, que intercala e organiza a vida, e vírgula virou.

Passou a detestá-la, pois onde quer que fosse, diziam que ela só queria aparecer. O que ela queria mesmo era entrar na conversa para organizá-la, mas apontavam-na intrometida e fechavam a roda. Começou a ver que a vida da vírgula não era tão simples e perfeita quanto jugara ser olhando de fora. Então achou que deveria ser ponto e vírgula, e ponto e vírgula virou.

Mas todo mundo o linchou, porque ele nunca sabia onde e quando deveria estar. Quando se envolvia, não era sua vez; e quando deixava sua vez passar, gritavam por ele! Sentiu-se incompetente. Tentou ser dois pontos e reticências também, mas aí sofreu com a solidão e ausência de texto, posto que raramente utilizam estes dois elementos.

Decidiu que seria o que nasceu para ser: apenas um ponto. Nem mais, nem menos. Era o que sabia fazer e fazia muito bem-feito, diga-se de passagem. Até passou a ver a utilidade que tinha durante todo o texto, para não deixá-lo fugir do contexto.

Desenvolveu o amor-próprio e começou a dar-se o devido valor, sem pestanejar. Podia até ser meio carrasco às vezes, é verdade, mas finalmente compreendeu-se um visionário. Afinal, sempre é necessário saber a hora de parar.

# AÇÃO E REAÇÃO

Para cada sorriso uma alegria
Para cada lágrima uma melancolia
Para cada gesto uma simpatia
Para cada manifesto uma rebeldia.

Para cada tom uma melodia
Para cada voz uma ideologia
Para cada som uma cacofonia
Para cada algoz uma armadilha.

Para cada dom uma mania
Para cada vício uma agonia
Para cada ciclo uma nostalgia.

Para cada aflição uma solução
Para cada dificuldade uma superação
Para cada ação uma reação.

## MAR DO ESQUECIMENTO

Às vezes, a vida nos prega peças. A pior parte é que nem sempre estamos prontos para recebê-las. Na verdade, acredito que nunca estamos, pois as "peças" que a vida nos envia sempre estão ligadas a pessoas, direta ou indiretamente, sempre envolvem alguém que você ama.

Essas acontessências e amarras do destino nos levam aos tão temidos dilemas: ir ou ficar, enfrentar ou fugir, chorar ou rir de desespero, perdoar ou puxar pelos cabelos — e não daquele jeito bom.

Mas afinal, o que seria verdadeiramente o perdão? Em sua essência mais pura e completa, sem por nem tirar, o perdão como o Criador o fez, como Ele mesmo nos perdoa diariamente. Alguém me entende? Será que alguém tem a resposta? Pois vejamos que, segundo a Bíblia Sagrada, quando nos arrependemos verdadeiramente e pedimos perdão ao Senhor, Ele nos perdoa e lança nosso pecado no mar do esquecimento, não se lembrando dele nunca mais.

Seria esse o perdão perfeito? Será então que somente Deus é capaz de perdoar da maneira correta? Convenhamos: nós, meros mortais, jamais nos esquecemos de quem nos ofendeu e muito menos da ofensa que nos foi impetrada. Se não esquecemos, como podemos ter convicção do perdão? Alguns dizem que você sabe que perdoou quando lembra sem sentir dor. Mas será que é possível lembrar de certas coisas sem sentir dor? Será possível quando você tem cenas e flashes constantemente martelando em sua mente, te lembrando não apenas do que houve, mas também de todas as coisas que você mesmo viu com seus próprios olhos? E se perdoar é lembrar sem sentir dor, por que é que Deus prefere se esquecer?

Acho que Deus, em toda sua grandeza e sabedoria, foi realmente muito sábio em criar o mar do esquecimento, pois não seria fácil ter que conviver com as falhas da humanidade, todos os pecados e constantes traições aparecendo em sua mente o tempo todo. Se o perdão é um processo que depende do tempo, quanto tempo Deus levaria para assentar todos os erros dessa humanidade deturpada? Quando Ele estivesse quase perdoando, o indivíduo cometeria o mesmo pecado novamente. Seria como viver um inferno astral eterno na mente Dele. Ninguém merece.

Confesso que, nos últimos tempos, o que mais tenho desejado é ter o meu próprio mar do esquecimento. Conseguir olhar para as pessoas sem sentir dor, conseguir viver plenamente momentos maravilhosos que estão ocorrendo no presente sem o peso e o fardo das amarras do passado espancando constantemente minha mente. Francamente.

Dizem que temos que viver o presente, deixando o que passou. Mas se o perdão genuíno que te faz recordar sem sentir dor é questão de TEMPO, isso significa que a dor de ato pretérito vai nos acompanhar, invariavelmente. A questão é saber por quanto tempo, e aí está outra coisa que eu pediria a Deus se tivesse a oportunidade: quanto tempo, Senhor? Por quanto tempo tudo isso vai doer? Quando é que finalmente vou conseguir renascer e voltar a viver plenamente?

Ontem escrevi sobre o meu brilho interno, mas a verdade é que, a cada madrugada, sinto que ele se apaga um pouco mais. A cada uma dessas longas e intermináveis noites, a dor e a frustração me dominam e me arrastam para baixo. Na manhã seguinte, já me sinto um pouco mais enterrado do que antes. Sim. Em vez de melhorar, parece que piora. Seria o início de uma depressão? Espero que não, mas sinceramente não consigo fazer nada a respeito agora.

Quando eu era criança, costumava escrever cartinhas ao Papai Noel, pedindo aquilo que mais desejava. Passava o ano todo ansiando pelo momento de enviar a cartinha para o "Polo Norte", aguardando mais ansiosamente ainda a chegada dos brinquedos. Era um tempo bom, de muita alegria c simplicidade. Aquele famoso "eu era feliz e não sabia". Sei que ainda estamos longe do próximo Natal, mas aqui vai minha cartinha antecipada ao Papai Noel, ou ao Papai do Céu mesmo. Aos 25 anos de idade, tudo o que eu mais desejo ter, é o meu próprio mar do esquecimento. Sei que o Senhor precisa atender muitas orações, dedicar tempo à muitas pessoas e entregar muitos presentes. Então, se o mar do esquecimento ficar muito caro ou se for inviável me proporcionar essa maravilha celestial, peço em seu lugar a cura genuína e plena, Pai. Toca meu íntimo, meu coração, tira daqui de dentro essa carga imensa de dor e aflição que tem me corroído e dominado meus dias de maneira interminável!

Hoje, não te peço carrinhos, bolas e nem jogos como antigamente. Te peço a cura, a libertação. Se ainda assim não der, se por acaso não for sua intenção me livrar da dor agora, te peço em último lugar que me mostre quanto tempo isso vai durar e quais as melhores coisas a se fazer para me libertar dessa prisão sem grades.

Sei que não tenho falado Contigo, Papai do Céu, mas tem sido quase impossível mover meus pensamentos, quiçá os lábios. Então receba essa *pseudo-oração* das pontas dos meus dedos, espero de coração que ela tenha valor e serventia, para Ti e para mim.

Vou Te deixar em paz, Pai. Sei que Tu tens muitas coisas para resolver e muitos problemas para solucionar, muitas pessoas para ajudar, não quero tomar Teu tempo, não quero tomar o tempo de ninguém com meus anseios. Mas pensa com carinho no meu mar do esquecimento, Pai.

Me ajude a olhar daqui para frente, limpa minha mente do passado, literalmente. Não ligo que o Senhor apague essas memórias terríveis que me tiram o sono. Prefiro viver sem memórias e em paz do que carregado de memórias póstumas. Prefiro viver, em detrimento de sobreviver.

Me desculpe se eu Lhe parecer um pouco confuso, mas acho que o Senhor vai conseguir me entender como ninguém.

# BASTA

Basta um sorriso teu
Para despertar o meu.
Basta apenas um olhar
Para me ensinar a amar.
Basta uma fagulha de paixão
Para tocar meu coração.
Basta sua cumplicidade
Para me ajudar a enxergar a verdade.
Basta um pouco da sua pureza
Para me fazer identificar nobreza.
Basta aquele abraço com sentimento
Para me derreter em seu doce acalento.
Basta refletir sobre toda a situação
Para me redimir e te pedir...

perdão.

# PRIOR IDADE

Quase tudo na nossa vida é questão de esforço e tempo, dedicação e trabalho, sonho e atitude, além do estudo, para ser cada vez melhor naquilo que se faz (e ama). É um conjunto, uma cadeia de comportamentos, onde uma coisa não funciona sem a outra:

**1)** O sonho sem atitude é um sonho morto, que nunca sai do papel;

**2)** O esforço sem objetivo é inócuo, não produz resultado, porque não se sabe aonde quer chegar;

**3)** O trabalho sem sonho é um peso, pois não encontramos sentido e motivação para fazer aquilo que não amamos.

E assim por diante. É necessário sonhar sim, mas também é preciso ter foco, colocando em prática todas as atitudes necessárias para se atingir o alvo. Para este "pacote" damos o nome de *prioridade*.

A palavra "prioridade", quando cortada ao meio, forma duas novas palavras de extrema importância: *Prior* e *idade*.

Para quem não sabe, "Prior" é a denominação dada ao Superior de uma ordem religiosa. Para se tornar Prior, faz-se necessário muitos anos de trabalho, dedicação e estudo. Idade.

O sucesso pode acontecer de uma hora para a outra, sim, é possível. Mas compreenda que não é a regra. Aí sim entra um pouco da tal da sorte. Entretanto, o sucesso é algo inevitável para todos que se dedicam e trabalham em prol de um objetivo.

Alguns chegam antes, outros depois, mas todos que lutarem e trabalharem vão chegar. Isso é um fato.

Lute pelos seus sonhos, é só questão de tempo. E o tempo vai passar de qualquer jeito, você correndo atrás ou não. Se não lutar por si mesmo, vai passar a vida trabalhando em prol do sonho dos outros.

Sonho

Atitude

Objetivo

Dedicação = Prioridade: Prior / idade

Trabalho

Esforço

Estudo

# SILÊNCIO

Silêncio
Peço-te, por favor
Deixe-me atoar minha dor.

Dizem que poesia é dom
Mas talvez seja um grito
De nossa desvairada alma
Presa à cacofonia sem som
Desse barulho infinito
Ecoando o mundo caótico
E quiçá finito.

Achou bonito?
Confuso, talvez
Desavisado silêncio
Desinibido também.

# SAVE ME FROM MYSELF

Aqui dentro é tudo tão confuso, complexo, sem nexo, obtuso, invariavelmente variável. Turbulento, estranho, insano, tirano, superficialmente puritano, *profanamente* arcano, sem lógica, desconexo, primitivo retrógrado, enfadonho, insosso, insalubre, perigoso, celestial, angelicalmente infernal, risonho, perdido, sofrido, tristonho, contido, infinitamente finito, placidamente palpável, intangível, vulnerável, tenazmente louvável, reprimido, vívido, absorto, relevado, mortalmente escroto, fatalmente nervoso, dengoso, grito desimpedido, sentimento revelado, escondido, manipulado, gostosamente desgostoso…

Pedido de socorro.

# QUE MELDA

A mente é uma colmeia

Neurônios são abelhas

Ideias são zumbidos

Poesia é mel

O doce resultado de tudo isso.

Primeiro comentário:

Léo do céu! Que *melda* você escreveu!

# COLHEITA

Dias melhores são fruto do enfrentamento dos dias piores. Como seria possível viver algo bom e dar o devido valor sem saber o que é ruim? É uma questão de causa e efeito, pura e simples.

Por que é que algumas pessoas dão tanto valor ao pouco que têm, enquanto outras reclamam tendo muito? A resposta também é simples: o mundo é dividido entre pessoas sofridas e pessoas mimadas. Sim. O ser humano é um cavalo selvagem que a vida vai domando, por bem ou por mal, cedo ou tarde.

De um jeito ou de outro, os mimados acabam tendo que trocar de time, quando percebem que o mundo não gira ao redor do seu próprio umbigo.

Mimados deixam de ser mimados quando começam a colher as consequências dos seus próprios atos. Então, pelo bem da humanidade, não interfira na colheita alheia.

# RACIONALMENTE SENTIMENTAL

Eu tenho que, primeiramente

Sentir com a mente

Para só então

Levar adiante a informação

Te fazendo sentir com o coração.

Compreende ou não?

Com a mente ou coração?

Não se mente acerca do amor

Posto que a razão maltrata

O agir com cor.

# O PRÓXIMO ATO

Escrever, a meu ver, é como caçar diamantes: você sai da sua zona de conforto e se lança, mas mesmo assim não encontra ele pronto, não. Você o encontra grosso, todo torto e disforme, cheio de arestas funestas, e aí precisa lapidar, lógico, mas o mais importante é o tal do encontrar.

Não se pode lapidar aquilo que não se tem, escrever é assim também. Muitos escritores pensam demais, ponderam demais, traçam planos e rotas pré-moldadas para se chegar em determinado lugar, e por vezes, se chega a nada.

Deixe estar, deixe fluir, pare de tentar controlar, apenas se disponha a escrever e veja a magia acontecer, palavra por palavra, frase por frase. Você vai se sentir como o leitor mais voraz e se impressionar com o rumo que sua própria escrita está tomando, surpreendendo-se veementemente ao perceber o próximo ato se formando em sua mente.

Organize o raciocínio, só não planeje demais. Apenas sente, sinta e escreva. Depois você lapida, claro que vai precisar, sempre precisa. Mas antes, encontre o diamante, descubra do que é capaz!

# RAPENSE

Rap é rico, revolucionário, rítmico
É poesia em sintonia com a melodia
Raciocínio cantado, expresso, explícito
Conteúdo de utilidade pública hoje em dia.

O "boom" bate fundo na alma
E a letra pode transformar a gente
Te fazendo encontrar sentido e calma
Ao refletir sobre essa sociedade doente.

Nem tudo está perdido
Reflita aqui comigo
Repasse isso
Rapense.

# TEM HORAS QUE...

Tem horas que a dor e o tormento aqui dentro são tão intensos, que me obrigo a escrever, me obrigo a vomitar, para tentar não morrer intoxicado.

Tem horas em que tudo o que eu mais queria era voltar lá no início, rebobinar a fita da vida, reorganizar meus dias e experiências, agarrar oportunidades que deixei passar e deixar passar momentos que gostaria de esquecer.

Tem horas que fica mais difícil digerir certas coisas, tem horas que as memórias vêm com força, e geralmente são durante a noite, se arrastando pela madrugada.

Tem horas que a alma trava, o tempo trava, o raciocínio trava, tudo trava e me faz parecer uma bomba relógio em contagem regressiva.

Tem horas em que realmente acredito que o infarto será inevitável, sendo mera questão de tempo. Um dia a mais, um dia a menos.

Tem horas que não me suporto, não suporto minha oscilação. Tem horas que falo, tem horas que não.

# AMÉM

Tem horas que falo
Tem horas que não
Tem horas que o silêncio é pleno
Tem horas que reverbera no coração.

Constante oscilação?
Imagina, impressão.

A paz que impera?
Quem me dera.

Longas madrugadas
Ansiando pelo conto de fadas
Desmistificando fábulas
Sem chegar a nada.

A madrugada
É deveras uma piada
De muito mau gosto.

É Capitu
Oblíqua e dissimulada
Mau agouro, alimentando-se do desgosto.

Talvez seja o tal do “encosto”
Sai pra lá, trem! Me deixa em paz
E se Alguém aí em cima me escutar
Amém.

# QUER BALA?

A adrenalina do primeiro encontro, aquele momento que deixa a gente meio tonto:

— Uma flor para outra flor! — Poeta bobo.

Uma rosa em uma das mãos

A outra mão querendo tocar seu coração

O equilíbrio perfeito entre romance e sedução.

A ansiedade desmedida me induz à tentativa, louco pela surpresa do primeiro beijo:

— Quer bala?

— Não, obrigada.

E agora? Que mancada! Não fala nada! Deixa assim! Que??? Que nada!!! Tenta de novo!!! Manda na lata!

— Tem certeza? — Meu sorriso cheio de malícia e a bala na ponta da língua fazem com que ela compreenda e abra um dos sorrisos mais lindos que já vi na vida.

A gente se beija.

Louco é quem não tenta. Insanidade é não arriscar e deixar a vida passar cheio de incertezas.

Escolhas erradas fazem parte do caminho, mas só erra quem faz escolhas tentando acertar.

Se o que vale é a intenção, por que é que você se permite viver nessa bolha de falta de atitude? Sempre dá para melhorar, então mude!

# LIVRAI-NOS DE SER GADO

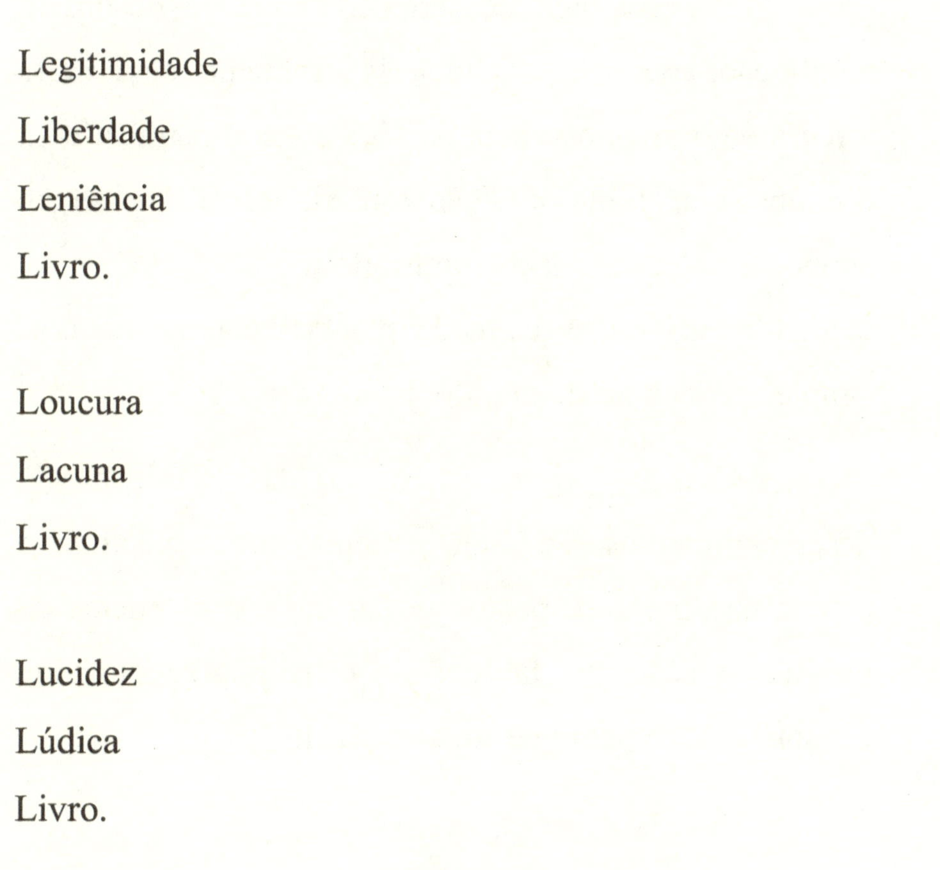

Livramento

Livrou-nos

Livraria

Livro.

Legitimidade

Liberdade

Leniência

Livro.

Loucura

Lacuna

Livro.

Lucidez

Lúdica

Livro.

# ÁRVORE DA VIDA

Sentimentos são folhas que farfalham ao vento: movem-se de repente, vêm e vão, as vezes suportam, outras vezes não, e caem ao chão.

Se espalham, causam certa bagunça, desordem e poluição, apesar de orgânica. É justamente onde mora a regra de ouro, a essência da vida e sua dinâmica: com o tempo, a aparente poluição causada transforma-se em adubo, fortalecendo laços, nutrindo e reforçando o solo, cuidando das raízes de cada planta existente naquele simples pedacinho de mundo. Compreende?

Saber tirar lições das brigas e desentendimentos é tão importante quanto a reconciliação em si, posto que tal ato é proveniente da mesma situação que faz o fruto cair: amadurecimento. Crescimento, o ponto certo, o momento.

No fim das contas, nunca foi poluição. Nem a queda das folhas, muito menos a queda dos frutos. Adubo. Quedas são necessárias para estruturar e fortalecer vidas, famílias, sociedades, mundos.

Tudo tem seu devido tempo.

E jamais entenderemos tudo.

# MEU EGITO

Dia

Chato?

Então Faz

Alguma **Poesia**

Aproveita **Pão e Cia**

Da palavra **Companhia**

Crie enigma. **Com palhinha**

As confusões em **Pequena mostra**

Ocupe a sua mente **Pense escreve posta**

Inove, invente, inspire, respire, faça diferente, contagie o ambiente, transforme seus problemas em combustível criativo... Ocupe sua mente.

# MINHA... LATA DE CERVEJA

Olhando ali, naquele murinho de quintal, quase passei mal ao recordar e analisar o quanto a nossa vida muda, quase sempre inesperadamente.

Olhando ali na frente, onde depositei a lata de cerveja tranquilamente na sombra para ficar lagarteando ao sol do frio de agosto.

Olhando ali quase vi seu rosto e suas formas que eram tão minhas. Seus olhos brilhando, seu cabelo castanho cascateando, sorriso e covinhas expressivas.

Olhando ali compreendi que me perdi no tempo, afundei-me num buraco negro preso àqueles nossos momentos tão ternos e tenros.

Olhando ali ainda nos vejo, como se nada tivesse mudado, como se a bela flor do passado continuasse presente ao meu lado.

Mas o problema é que...

Olhando ali, o teu silêncio me apedreja, minh'alma chora constantemente tua ausência, nesse eterno silêncio interno.

E nesse silêncio que tanta gente almeja, sinto falta da nossa calmaria e harmonia. Sinto falta de ver você em vez de uma lata de cerveja.

# CENTRAL DE ATENDIMENTO E SOLUÇÕES PARA O AMOR EM CRISE

Se você tem reclamações a fazer, disque 1;

Se você tem uma sugestão a dar, disque 2;

Se você gostaria de mudar algo, disque 3;

Se você não se sente valorizado(a), disque 4;

Se você acha que a relação esfriou, disque 5;

Se você acha que ele/ela mudou, disque 6;

Se você está cansado de brigar, disque 7;

Se você quer tentar entendê-lo(a), disque 8;

Se você acredita que tem solução, disque 9;

Se você sabe que o amor não é um mar de rosas e acredita que o sentimento ainda vive, **disque ama** e se esforce todos os dias para demonstrar. Mude, critique menos e faça mais. Se o amor não morreu, aí está algo pelo qual vale a pena lutar.

## MARQUEI TOCA

Eu queria muito mesmo
Ter beijado sua boca
Mas me preocupei demais
Pensei demais
Perdi o momento
E ele acabou vencendo
Marquei toca.

Eu não queria lhe ofender
Tive medo de ser precipitado
E você me ver com maus olhos
Entendendo tudo errado
Mas tudo que você queria
Era alguém que beijasse sua boca
Marquei toca.

# EU NÃO

Sempre que penso em quem eu sou
Nunca termino de me encontrar.

Sou muito mais do que jamais acreditaram que eu seria
Pois não me moldo para caber em moldes pré-moldados.

Então nem tente me enquadrar no seu quadrado
Leões não foram feitos para viverem acorrentados.

Você pode até tentar
Mas cedo ou tarde eu vou escapar do teu cercado
E quando isso acontecer
A mordida vai ser em quem tentou me manter aprisionado

Etiquetado, mistificado, padronizado, racionado

"Você tem que ser A ou B, escolhe"

Escolho ser AB ao quadrado, e depois o C

Só para você ver como o teu raciocínio é limitado.

Raso, superficial, alienado

Rezo para nunca me tornar tão desprezível

Rio da sua visão com *delay*, em constante atraso

Roo o osso desse mundo osso e me mantenho acessível.

Eu sou o poema, o texto, o rap, o rock, o mpb

A razão, o raciocínio em ascensão por mim e por você

O coração te mostrando que você pode crescer

E que não precisa se limitar, pode ser tudo que quiser ser!

Deixa falador falar

Um dia, tu vai olhar para trás e vai ver

Que todos que te criticavam estarão aplaudindo

Ou estarão calados, só para não darem o braço a torcer.

E aí? Quem você vai ser?
O que querem que você seja ou quem é, de fato, você?

O preço de viver para agradar os outros é a frustração.

Muitos caíram no meio do caminho
Por darem ouvidos a "conselhos" egoístas e mesquinhos.

Desistiram
Trocaram seus sonhos
Ou fingiram não mais se importar
Enterrando visões, projeções e ambições
Que poderiam impactar o mundo
Pela ilusão de outro frustrado
Eu não.

# ESCREVER

Escrever é fuga
Da realidade

Escrever é anestesia
Do medo

Escrever é ambulatório
Da dor

Escrever é repertório
Do amor

Escrever é insanidade
Do manicômio

Escrever é sensibilidade

Da alma

Escrever é aurora

Da calma

Escrever é razão

Do fôlego.

# LAMENTOS DA MADRUGADA

A chuva lá fora
Por vezes reflete
A chuva aqui dentro.

Eu sei que não dá para viver só de lamento
Mas algumas noites são longas
E por isso eu lamento.

Lamento também por tomar seu tempo
Com meus anseios, devaneios e medos
Vomitando sem dar voltas, sem rodeio
Toda essa inexplicável agonia/tiroteio.

O poeta sente
O poeta entende
O poeta converte a mensagem

O poeta é a própria transmissão neural

O poeta escreve

O poeta apodrece

O poeta passa mal

O poeta rejuvenesce

O poeta renasce

O poeta poetiza dez vezes se precisar, romantiza e dramatiza até não mais aguentar.

O poeta internaliza e raramente tem ao redor

Pessoas que o escutem com alegria e empatia

Enquanto a mente canaliza a agonia produtiva

Gritando que essa vida não cabe em nós.

Ou melhor

Nós é que não cabemos na vida

Posto que somos imensidão

Vivemos fora da caixa

Enquanto tentam nos acorrentar ao padrão

Posturas falsas de figurões mais falsos ainda.

Meu poema não tem forma
Minha forma não segue padrão
Meu padrão é ser eu mesmo
Meu "eu" tenta ser meu vilão
Meu vilão não tem nome
Meu nome não tem preço
Meu preço é não passar fome
Minha fome é de apresso.

Não por ego, não por orgulho
Mas por mérito
Pois sei que sou alguém
Que sabe fazer muito mais do que barulho!

Sei que posso tremer estruturas
Armado só de conhecimento e conteúdo
Sei que posso cometer loucuras

Nessa minha ânsia de mudar o mundo
Sei que posso bater minhas metas
E tudo que fizeram no claro posso fazer no escuro
Fazer muito mais do que já fizeram os mestres
Enquanto finjo que durmo.

Mais uma vez
Não por soberba, não por orgulho
Mas por ser detentor do famigerado autoconhecimento
E saber que não importa o momento
Pois nessas madrugadas escrevo meu futuro.

Muitos ficam em cima do muro
E muitos vão passar a vida assim
Mas, me desculpem a franqueza:
Isso não serve para mim.

Não sei ser pequeno
Não sei limitar minha mente

Não sei fingir que sigo a engrenagem

Não sei amenizar a revolta latente.

Todo mundo finge estar bem

Todo mundo finge estar contente

Todo mundo mente, você também

Todo mundo luta no subconsciente.

A diferença é que alguns preferem seguir o caminho socialmente imposto a todos nós, à força.

Se contentando em sobreviver de migalhas lançadas no final do mês, frustrados, na forca.

Outros, porém, preferem viver e fazer aquilo que nasceram para fazer, aquilo que reside em seu âmago, em sua essência.

Isso não se confunde em nada com prepotência e não tem nada a ver com dinheiro, pelo amor de Deus, compreenda!

Só tem a ver com ser você mesmo. Essa é a única forma de viver plenamente.

Qualquer outra variante seria mera aceitação da sua própria derrota iminente.

Não tem que ser fácil, não vai ser fácil, ninguém disse que seria, aceite.

Mas você prefere ter dinheiro acompanhado de frustração e lamento ou prefere passar fome com realização e alegria no peito?

É uma questão de escolha, pura e simples. A boa notícia é que, enquanto você faz bem-feito aquilo que ama, pode ser que um dia o mundo gire e o dinheiro se torne consequência.

Infelizmente, a recíproca não é verdadeira.

Não. A recíproca é insana!

Não deve ser fácil esse negócio de ser tão pobre a ponto de só ter dinheiro.

Prefiro meus pobres devaneios.

Lamento se lhe ofendi

Lamento se não gostou de algo

Mas lamentaria muito mais não ser eu mesmo.

Então desculpa aí. Lamento por lamento, deixa que eu me acerto comigo mesmo, no meu tempo.

Ah! Lamento pela “Bíblia”. — Ou não.

# LUGAR PARADISÍACO

— Quando escreve, você vai para algum lugar paradisíaco e fica plenamente concentrado?

— Na verdade, não. Na grande maioria das vezes estou no meio do expediente quando as ideias começam a assumir formas e passear pela minha mente. Anoto tudo num pedaço de papel ou no bloco de notas do *cel.*, como estou fazendo exatamente agora, para organizar aos pouquinhos, na hora em que eu deveria estar dormindo.

Escritor que não pode viver só de escrever precisa ser forte, tem que fazer da escrita seu principal hábito, seu norte. Só assim será capaz de fazer fluir cascatas e fontes em meio a agitação e turbulências do dia a dia.

Quando escrevo, não estou em um lugar paradisíaco, isolado e concentrado. Mas o simples ato de escrever, sempre me transporta para lá.

# ABRAÇO DE NINGUÉM

Ontem não escrevi nada novo, hoje também
Já estou começando a ficar irritado e inquieto
Pelo menos agora eu sei de onde isso vem
Levei 25 anos para compreender
Que escrever é o que me faz bem!

Já me sinto um pouco melhor
Vomitei palavras que soaram bem
Até mesmo escrever sobre não escrever
Traz certo alívio para esse *pseudo* "alguém"
Pois vai rimando, vai limpando, vai ninando.

No texto, vou me aconchegando
Me acalmando, quase que me agarrando
Nessas fagulhas, nesse lapso insano
Carente desse abraço
De ninguém.

# COMO VER

— Por que é que você gosta tanto assim de escrever?

— Porque adoro as mais diversas facetas dessa arte de comover ao ler. Apesar de a maior parte das minhas *escrevessências* existir apenas na seara das ideias e nos campos da imaginação, escrever é como... ver.

# O SEGREDO DO SUCESSO

O sucesso é uma porta
E portas só se abrem com a chave certa
A chave certa para o sucesso é o trabalho
E a humildade é o que mantém a porta aberta.

## HOMÔNIMOS

Nosso mundo é um subúrbio de coisas loucas:
Devaneios, anseios, neologismos, achismos
Pseudônimos, pseudopseudismo
Memórias póstumas de um mendigo
E seus parceiros homônimos
Que tentaram vencer na vida à sua maneira
Sorrisos de orelha a orelha
Agarrados à esperança de dias melhores
Mas acabaram sozinhos em agitadas avenidas
Após enfrentarem inúmeros dias piores
Com os olhos postos no azul do céu
Sentindo na pele o amargo do fel
E no estômago a dor da fome
Sem roubar ninguém
Escolheram não lesar
Partiram para o *além*
Como homens e mulheres a se admirar

Negligenciados por uma sociedade doente

Pagando o preço de serem diferentes

Enterrados como indigentes

Julgados e condenados

Pelo seu demasiado...

Sonhar.

# PESCADORES DE ILUSÕES

A cidade é um organismo falido em existência. Quando você observa a essência, percebe que se trata de um péssimo ambiente com milhares de pessoas aleatoriamente aglomeradas para manter a máquina em funcionamento, correndo atrás do vento, dia após dia, SÓbrevivendo.

Muita droga, muita violência, muito descaso, muita poluição, muito abandono, muito egoísmo, muito ego, muita manipulação, muita rivalidade, muita vaidade, muita futilidade, muito vazio, muita solidão, muita ilusão... Muita superficialidade para a espécie detentora da razão!

E tudo em troca de que? De um salário e promessas de um futuro melhor — onde você terá o bolso cheio de papel e poderá comprar mais coisas das quais não precisa —, mas vivemos no Brasil e aqui, além de tudo isso meu amigo(a), promessas também são vento.

Pois é. Bons eram os tempos do campo, do interior, onde o tempo se arrastava e a saúde mental reinava serena e plena, sem pressa, havia paz de espírito. Ansiedade? Depressão? Devia ser alguma espécie de lenda ou mito.

Bons eram esses tempos nos quais não vivi e dos quais tenho saudade. Se isso é ser antigo, por favor, se atentem ao meu pedido: regrida humanidade!

Permitam-me conhecer a vida de verdade, permitam-me arrancar essa falsa casca de “felicidade pós-consumo” para poder, pura e profundamente, VIVER.

# MAR DO AMOR

Se o amor fosse um mar, de rosas é que não seria
Mas é em sua profundeza que encontramos belezas
As quais em suma grandeza
Denotam o sentido da vida.

Ah! O mar do amor! Com certeza não é um mar de rosas
Não. Definitivamente. Mas é um mar
No qual vale a pena mergulhar.

Posto que apenas nele você será capaz de encontrar
As mais lindas pérolas doadas de mão beijada
Por aqueles que decidem amar.

Tempestades são inevitáveis
Mas também há muita terra à vista
Portanto: invista, insista, persista.

# ENTRE FAKE E NEWS

Temos vivido entre pessoas que acreditam em tudo e pessoas que não acreditam em nada.

Temos sido induzidos às guerras de partido: você é *coxinha* ou *petralha*?

Temos abraçado pontos de vista predeterminados, para nos sentirmos parte da "torcida organizada".

Temos defendido o indefensável, difundindo conteúdo falso e alienável, só para ficar "por cima" nessa desgraça.

Temos dificuldade em nos submeter, uma aversão tremenda a dar o braço a torcer, defendemos mais o político do que a pátria.

Estamos todos na merda, me desculpe por dizer, mas sua idolatria não agrega em nada.

O pior cego é aquele que não quer ver, não adianta meter a camisa verde e amarela se teu verdadeiro amor está no ego, no poder, na falácia.

E por falar em meter, meta na sua mente um pouco de consciência e entenda de uma vez por todas que, por cima ou por baixo, estamos todos no leito da indecência.

Nesse Brasil de *fake news*, faça da decência seu ponto de referência, defenda seu compatriota e não um político idiota que comprova todo dia seu nível de malevolência.

Tenha santa paciência! Tenha santa coerência! Será que é pedir muito? Cuidado com a resposta, pois ela dirá tudo a seu respeito.

O que é respeito? Pois é, realmente estamos quase nos esquecendo desse tão crucial conceito.

Aliás, sobre conceito: não tenha pré, não seja seletivo, não seja injusto para defender seu candidato e/ou partido. Não jogue a todos nós no lixo. Não se esqueça de que você vive no mesmo país, debaixo do mesmo céu, e não terá portas abertas na casa de político.

Se você chegou até aqui e sua ignorância ainda persiste, sinto muito por lhe desapontar e deixá-lo(a) triste, mas seu candidato nem sabe que você existe.

Quer ser efetivamente relevante? Então se levante, saia da sua zona de conforto e ajude os outros, talvez os seus vizinhos, ou um pobre garoto de rua.

A verdade é nua e crua. Se você faz da política uma partida de futebol onde defende cegamente seus lados e cores, custe o que custar, sem se atentar a princípios e valores, não me inclua nessa patifaria.

Chame do que quiser, essa algazarra pode ser seu *playground*, sua diversão, seu passatempo ou, quem sabe, o seu atual circo e pão, sua vontade infundada e desalmada de tecer com ignorância total, certas críticas impensadas.

Não importa, pois isso pode ser qualquer coisa, menos política. Entre *fake* e *news*, recomponha-se e liberte-se desse lamaçal de desídia.

## FORMIGUEIRO

Abrir a mente das pessoas é um trabalho de formiguinha — sim, fato. Mas, se cada um de nós carregar um pouco dessa terrinha, em um futuro breve teremos um formigueiro inteiro, blindado e fortemente armado com ideias positivas e construtivas. Já viu o que acontece com quem tenta sentar no formigueiro? Pois é.

Reflita e não se omita: da mesma forma que a união faz a força, a desunião faz a forca.

## O PODER DA MENTE

Já me disseram
Que não posso mudar o mundo
Quase acreditei.

# MONTANHA-RUSSA

Ela adorava sorrir
Ele não se permitia sentir
Ela adorava se entregar
Ele tinha medo de amar
Ela levava a vida leve
Ele só sabia brigar
Ela recuava para o acompanhar
Ele sequer saía do lugar
Ela se cansou de remar sozinha
Ele dizia que se ela o amasse não desistiria
Ela quer que a vida caminhe para frente
Ele insiste em brincar com sua mente
Ela jura que já se esforçou demais
Ele insiste em arrastá-la para trás
Ela vai embora a tempo de continuar sã
Ele a transforma em vilã
Ela retoma sua vida e cuida de si

Ele encontra alguém que adora sorrir...

## APARADOR DE PORTA

A magia não acontece com livros fechados, pois fechados, não passam de belos pesos de papel: extremamente úteis para aparar portas. Se você não é uma porta, deveria abri-los com mais frequência.

## PORTA RETRATO

O porta retrato
Nos instiga a pensar
Se estamos sendo relapsos
Com o amanhã que ali vai estar.

# MÃE

Pensei em escrever um haicai
Mas logo percebi que seria curto
Para demonstrar tanto amor e carinho
Por essa mulher que me trouxe ao mundo.

Então decidi que escreveria uma trova
Julgando que assim seria suficiente
Mas o amor é tão latente, e vejo:
Elas merecem mais da gente.

Mãe é pura poesia
Mãe é sinônimo de alegria
Mãe é abraço, amor maior, aconchego.

Você é a razão desse Soneto
Eu te amo, mãe. E não me contento
Dá vontade de te escrever um livro inteiro.

# BEM RESOLVIDO, OBRIGADO

Pessoas bem resolvidas não incomodam os outros; Pessoas bem resolvidas não SE incomodam COM os outros; Pessoas bem resolvidas não se irritam por bobeira, não perdem a paciência com asneiras que em nada agregam e não levam a lugar nenhum.

Pessoas bem resolvidas não desperdiçam seu tempo falando mal dos outros ou criticando a vida alheia; Pessoas bem resolvidas não passam a perna para subir na vida, pois estão ocupadas fazendo seu trabalho bem-feito em vez de tirar proveito.

Pessoas bem resolvidas cuidam do seu próprio jardim, com esmero, e esperam a inevitável consequência, não saem feito loucos caçando borboletas. Pois assim, tudo que vai conseguir é que elas fujam de você, para um lugar onde a vida seja mais... serena, leve.

## APRENDI COM O TEMPO

Com o tempo, você aprende a:

Ouvir no silêncio

Enxergar no escuro

Falar pouco tempo

Viver o oportuno

Aproveitar o momento

Sofrer taciturno

Sentir na ausência

A presença de tudo.

## VARIANTES DO TEMPO

Da sacada, vejo um emaranhado de casas

Repletas de pessoas vazias, sobrevivendo

Ansiando pelo dia em que estarão vivendo

Independentemente das variantes do tempo.

# ELA: MENINA MULHER

Ela sorri de orelha a orelha
É cativante, incendeia.
Autoestima e autodisciplina
Dominam seus dias.
Ela é mulher, mas é menina
Bebe várias doses de ocitocina.
Olhar de quem sabe o que quer
E sabe que pode o que quiser.
Receia decepcionar quem ama
Mas não leva desaforo pra cama.
Semeia todo dia boas ações
Conquistando desavisados corações.
Palavras doces, meigas, mas decididas
Meninas mulheres embelezam a vida.

## PSEUDO ACASO

Caso o acaso nos atropele
Farei de ti minha segunda pele.
Caso o acaso passe ao largo
De ti farei nada
Posto que sequer te conheci
Minha *pseudo doce* amada.

## SALVADOR DALÍ

Foi amando que percebi
O quanto é bom ser amado
E ser o próprio Salvador Dalí
Eternizando o surreal idealizado.

# PRAZER GENUÍNO

Hoje aprendi que, na verdade, é tudo uma questão de qualidade e não de quantidade. O que realmente importa é:

A qualidade do filme, não a duração;

A qualidade do café, não o tamanho do copo;

A qualidade do amor, não quanto tempo estão;

A qualidade do treino, não o esforço inócuo.

Quando somos submetidos à qualidade, aprendemos a apreciar a essência em detrimento da superfície. A quantidade pode gerar dependência, mas a qualidade gera...

Prazer genuíno.

Acredite.

# 10 AUSÊNCIAS PERIGOSAS

**Imprudência** é ausência de bom senso;

Bom senso é ausência de injustiça;

**Injustiça** é ausência de imparcialidade;

Imparcialidade é ausência de tirania;

**Tirania** é ausência de democracia;

Democracia é ausência de autoritarismo;

**Autoritarismo** é ausência de oposição;

Oposição é ausência de concordância;

Concordância é ausência de rebeldia;

**Rebeldia** é ausência de hierarquia;

Hierarquia é ausência de igualdade;

Igualdade é ausência de egoísmo;

**Egoísmo** é ausência de caráter;

Caráter é ausência de falsidade;

**Falsidade** é ausência de honra;

Honra é ausência de covardia;

**Covardia** é ausência de coragem;

Coragem é ausência de medo;

**Medo** é ausência de certeza;

Certeza é ausência de dúvida;

Dúvida é ausência de convicção;

Convicção é ausência de ignorância;

**Ignorância** é ausência de tudo.

# ESCREVESSÊNCIAS

Calma!
Não tem tempo, não tem forma, não tem meta
Sem pressa.

*Escrevessências* são a essência do poeta
Mas sem pressão.

Só consegue escrever
Quem escreve porque quer
Quando quer, o que quer
Como quer
Não por imposição.

Deixa o rio fluir, deixa o pescador sentir.
Afinal, nem todo dia é...
Dia de pesca.

# DONZELA DO MAR

Ela só queria ser valorizada, amada. Uma ponta de esperança surgia a cada novo navio pintado de sombra no horizonte sem fim do fim da tarde, desvanecendo com o distanciamento do marinheiro mar adentro, noite adentro, num abandono covarde.

Que marinheiro? Aquele que ela tanto queria, aquele que ela sequer sabia se de fato existia, aquele disposto a abrir mão da liberdade do mar pelo amor desse mesmo mar: a liberdade de escolher ficar.

Chegava a lhe faltar o ar com tantas suposições e idealizações. Ela não sabia mais se eram elementos ou sentimentos que inflavam seus pulmões: o ar, a água, o amor, o desejo... Ela só sabia suspirar e lamentar a constante solidão, com lampejos de emoção, decorrentes da *pseudo atenção* recebida a cada nova chegada, que durava apenas até a hora da inevitável partida.

Eram todos iguais: aproximavam-se cheios de inúmeras intenções, mas nenhuma delas era amar, e muito menos ficar, permanecer. Ela queria algo a mais, algo além. A vida estava passando e a bela donzela do mar ia ficando para trás, sempre para trás. Esquecida, abandonada, iludida, desrespeitada.

Cansou-se daqueles homens imundos contaminando seu mar sem desejarem amar, enquanto tudo o que ela desejava era sentir e viver algo mais profundo. Já que marinheiros não sabiam admirar e contemplar a profundidade do olhar de uma bela donzela, aquela linda aquarela começou a cantar para levá-los mais... pro fundo. Compreendia que, por bem ou por mal, a profundidade era necessária. É o mínimo que uma sereia merece.

Quem é o vilão, afinal: a sereia consciente ou o marinheiro cafajeste? Lembre-se: a mulher potencializa aquilo que você a faz sentir.

Isso significa que te fará muito bem fazê-la sorrir. Você não perde nada em fazer o bem sem olhar a quem, mas principalmente à mulher que tanto lhe quer bem.

# ESTRELA D'ALVA

Eu acho que finalmente sei o que é amor:
É a dor da incerteza
Na pureza da alma
É profunda nobreza
Que prioriza a calma
É o abrir mão da razão
Apesar das ressalvas
É deixar ir, deixar ser
Deixar sentir, deixar viver
Longe de ti
A belíssima estrela D'alva.

# TEMPOS MODERNOS

Era uma vez
O nascimento de um lindo amor
Que paulatinamente iria crescer
Se desenvolver e solidificar
Mas acabou de acabar
Pois acharam que daria muito trabalho
Levaria tempo e exigiria adaptações
Só que tempo é algo que ninguém mais tem
E adaptações nos afastam de nosso conforto
Tinha que ser tudo *"pra ontem"*, sem esforço
Não souberam esperar
E de comum acordo
Optaram por abortar
Pelo menos ambos saíram felizes
Já que nada mais cria raízes.

# A CIDADE VISTA DO 10º ANDAR ÀS 4H30 DA MANHÃ

Janelas
Vielas
Mazelas

Fantasmas
Gambiarras
Sequelas

Imprudência
Negligência
Solidão

Depredação
Depressão
Ilusão.

# PAI DA MENTIRA

Vivemos em um mundo extremamente egocêntrico, interesseiro, avarento e individualista, sendo bem provável que a verdade não exista. Na verdade, as verdades seriam meras versões ou interpretações de uma mesma mentira, que escolhemos (ou não) acreditar.

E agora? Será que é verdade tudo isso que acabei de ensinar? Será que alguém aí se identifica com — este que vos fala — *pobre* ilusionista? Ou, ao menos, com essa versão da *minha* verdadeira mentira?

Quem sou eu? Sabia que acabariam por perguntar. Podem me chamar de *ReficuL*, mas também não precisam acreditar. Em todo caso, sou um ardiloso mágico e, lá do outro lado, me chamam de *Morning Star*.

# *ACONTESSÊNCIAS* DO DESTINO

Sei lá. Haja o que houver, seja como tiver que ser, mas preciso escrever. Quando no peito aperta a saudade do desconhecido, sinto-me um menino: risonho, travesso, do avesso.

Compreendendo alguém como se eu mesmo falasse comigo, um paradoxo, ou conexo processo empírico, entre o ser e o renascer das loucuras com as quais convivo.

Tão perto e tão distante me sinto, querendo provar um pouco mais do seu doce absinto. Verdadeira paz é o que de ti recebo e também a transmito — ou tento, no mínimo —, posto que tão perto apesar de longínquo, um mero ser perambulante nas *acontessências* do destino.

Independentemente do que carregas, tua companhia deveras estimo. Madrugada adentro, com certo tom de alento, lhe admiro.

## DESABAFO DESESPERO

— O que mais te irrita nessa vida, meu caro *Jack*?

— O Instagram, meu grande amigo *Sparrow*.

— O Instagram??? Por que?

— Sim. Mais especificamente quando vou postar algo no *feed* e o Instagram simplesmente *desintegra* tudo que escrevi! É como se os últimos trinta minutos nunca tivessem existido! Um vácuo! Uma sensação de vazio terrível! Aliás, é exatamente assim que fica o *post*: vazio. Nessas horas, eu gostaria que o Instagram fosse gente.

— Para que?

— Para poder esfaqueá-lo. Leeeeentamente. O jeito é dar risada e fazer disso uma grande sacada.

— Boa! E como somos a mesma pessoa, obrigado e de nada, para economizar travessão e linha, pois estão cada vez mais caras.

# QUASE TUDO

Ela era jovem e bela
Encantadora, exuberante
Uma doce aquarela
Dona de curvas e traços marcantes.

Olhar enigmático
Um andar inigualável
De parar o trânsito
Esteticamente incomparável.

Mas ao abrir a boca
Ai! Preferia ser surdo
Ela tinha quase tudo
Só lhe faltava o essencial:
Conteúdo.

# PRECISAMOS DAR UM TEMPO

Amor, precisamos dar um tempo.
Um tempo para a nossa cabeça
Um tempo para viver
Para fazermos aquilo que amamos
Para sermos aquilo que desejamos
Estar em sintonia conosco
Sorrir e criar um mundo novo
De paz, harmonia, paciência
Sem tanto stress, correria e exclamação
Precisamos de mais reticências
Mantendo sempre a resiliência
E a esperança da constante evolução.

Sim, amor. Precisamos dar um tempo...
Então está decidido:
Vamos trabalhar menos

Vamos nos preocupar menos
Para que, juntos
Possamos amar e viver mais
Sempre juntos
Pois o tempo não para pra esperar
Quem espera evoluir só
Para só depois
Viver a dois.

E é assim que o mundo muda
Quando duas pessoas distintas
Decidem crescer e caminhar...
Juntas.

# EM PAZ DE VERDADE

O fim... Todos nós chegaremos lá, um belo dia. E aí vamos dizer:

— Quem diria? Realmente existe um novo começo!

E isso não tem preço. A paz eterna, a plenitude e satisfação eternas, a alegria incólume, a recepção fraterna.

Mas, antes disso, temos um compromisso com a nossa geração e com nós mesmos. Não devemos andar por aí a esmo como se a vida fosse nada. Ela está conectada à tomada do Universo, e em cada verso que compõe em nós, ela nos prepara para aquele momento em que estaremos a sós com o Criador: o dono do mais puro e perfeito amor.

Tenha calma, fique em paz. Corra menos atrás do vento e viva de maneira mais eficaz. Uma vida eficaz é aquela que produz alegria e auxílio, harmonia e equilíbrio. Temos tão pouco tempo e, se percebermos, cada momento a mais é, na verdade, um momento a menos.

Mas ainda está tudo bem, basta se viver bem, antes daquela última porta atravessar. Muitas portas em nossas vidas acabaram por se fechar, outras se abriram onde menos esperávamos. Que bom que lá estávamos para aproveitarmos as oportunidades. E esse é o maior segredo, presente à humanidade: a chance de se viver bem, de ser feliz, apesar dos pesares e de cada cicatriz! Nunca será tarde, enquanto respirares.

Você tem uma escolha todos os dias e que bom se já a fez, pois quando seus olhos se fecharem pela última vez, nada terá valido a pena além da doce alegria. Nada fará sentido além dos momentos entre amigos e família, seremos tomados pela nostalgia e embalados pela mais pura e eterna bondade.

Talvez a próxima vida seja poesia, quem sabe? Eu não sei. Só sei que quando minha hora chegar e aquela última porta eu tiver que atravessar, quero estar em paz de verdade.

***22/02/2022***

# SOBRE O AUTOR

**Leonardo S. C. Campos**

Instagram: @textoporcontexto

Leonardo S. C. Campos nasceu em Curitiba, capital paranaense. Atualmente reside em Ponta Grossa, também no Paraná, cidade que adotou e considera seu lar.

Leonardo, além de advogado pós-graduado, é escritor e poeta o tempo todo, até mesmo nas horas em que não poderia ser — sabe aquele filme "ninguém segura esse bebê!"? Pois bem.

Fazendo jus a essa sua veia artística, também é músico e compositor, cheio de melodia e reflexão constantemente fluindo pelos dedos, caneta e papel. Um visionário sonhador, com os pés no chão e a cabeça na lua: pés descalços e mente aberta, buscando respostas "certas" neste universo de incertezas, com muitos caminhos a percorrer e muito ainda a aprender.

Apaixonado pela arte em geral, mas aficionado pelo poder e magia da palavra escrita, a famigerada escrevessência. Não há nada mais gratificante do que brincar com as palavras e vê-las responder prontamente, como quem diz:

— Alguém me entende!

Pois é. Devaneios e neologismos provenientes de uma divertida-mente.

# OUTRO LIVRO DO AUTOR

## SINAPSE SOCIAL

Sarcástico, sem perder a compostura. Leve, envolvente e comovente. Rebelde, mas sem perverter a lisura. Desapegado de formas, despreocupado. "Sinapse Social" traz ao leitor a nobre possibilidade de pensar fora da caixa, com inúmeras temáticas atuais e arcaicas, polêmicas, críticas sociais de utilidade pública e prática, e claro, sem jamais menosprezar os assuntos do coração. Reflexões não vão faltar a cada página, tampouco algumas boas risadas, por que não?

Realidade e ficção se encontram em uma linha tênue e sutil na arte dos trocadilhos sempre nos trilhos, funcionando a plenos vapores, usando e abusando das palavras e de suas nuances, sem desperdícios frente ao menor sinal de possibilidades — e de encrencas. Onde há fumaça, há fogo. Ácido, na medida do estritamente necessário. Cômico, e algumas vezes até meio louco — é quase um manicômico!

Cristão, mas não religioso. Praticamente pragmático, quase sempre direto ao ponto. Seja crônica, poema ou conto... Opiniões são sempre pontos de vista, tão somente vistos de outros pontos. Concorde, discorde, ame, odeie, elogie, critique. Fique à vontade, sinta-se livre para ir e vir nestas humildes páginas. Não é necessário um conceito predefinido — nem útil, aliás. Apenas leia e decida por si só. Afinal, não há nada mais fantástico do que o ser e o coexistir em meio às diferenças, sendo constantemente guiado pelo poderoso processo empírico.

www.ingramcontent.com/pod-product-compliance
Lightning Source LLC
LaVergne TN
LVHW041026150826
845672LV00001B/216

* 9 7 9 8 4 1 5 5 4 5 4 1 4 *